MEISTER RYŌKAN

Alle Dinge sind im Herzen

Das Buch

»Vom Dieb zurückgelassen –
Der Mond
Im Fenster.«

Mit Gelassenheit und Humor reagiert der japanische Zen-Meister Ryokan auf den Verlust seiner Sachen, als er nach Hause kommt und entdeckt, dass bei ihm eingebrochen wurde. In wenigen Zeilen lässt er die Grundhaltungen des Zen sichtbar werden: Meditation, Leben in Harmonie mit der Natur, Sein-lassen, Absichtslosigkeit, Gewaltlosigkeit, Achtung der einfachen Dinge, Mitgefühl. Aus dem Alltag als Einsiedler und Bettelmönch heraus gibt Ryokan Antworten auf menschliche Grundfragen nach Tod und Glück, Vergänglichkeit, Leben und Zeit, Schönheit und Freiheit, Wahrheit und Wirklichkeit. Er erzählt vom Spiel mit den Dorfkindern genauso wie vom Reisweintrinken mit Freunden, aber auch von seinen Bettelgängen und von kalten einsamen Winternächten in seiner Hütte. Schlicht und wahrhaftig drückt er seine persönlichsten Gefühle aus: seine Freude und Trauer, und auch seine Liebe zu den Menschen. Und immer wieder ist es die Schönheit der Natur, in der er Quellen der Weisheit findet und aus der er neue Kraft gewinnt.

Ein Buch, das dazu ermutigt, sich jeder Minute seines Lebens zu erfreuen und über das eigene Sein und alles was es gibt, zu staunen – und manchmal auch herzhaft zu lachen.

Der Autor

Der Zen-Mönch Ryokan (1758–1831) lehnte, nachdem sein Meister gestorben war, wiederholt Angebote ab, Abt eines Klosters zu werden, und führte stattdessen das Leben eines »freiherzigen Zen-Vagabunden«. In seinen letzten drei Jahrzehnten lebte er in einer abgelegenen Hütte als Einsiedlermönch. Die anekdotischen Geschichten über ihn und seine poetischen Weisheitstexte sind heute in Japan allgemein bekannt, wo Ryokan höchstes Ansehen als Dichter und Zen-Meister genießt.

MEISTER RYŌKAN

Alle Dinge sind im Herzen

Poetische Zenweisheiten

Aus dem Japanischen ins Englische übersetzt
von John Stevens

Vom Englischen ins Deutsche übertragen und
mit einer Einführung von Munish B. Schiekel

Mit einem Vorwort von David Steindl-Rast

FREIBURG · BASEL · WIEN

Herder Spektrum Band 6142

Teil III: Tautropfen auf einem Lotusblatt
Titel der amerikanischen Originalausgabe: »Dewdrops on a Lotus Leaf. Zen Poems of Ryokan«
© John Stevens 1993,
mit freundlicher Genehmigung von Shambhala Publications, Inc.,
P.O. Box 308, Boston, MA. 02117

Für die deutschsprachige Ausgabe:
© Verlag Herder GmbH, Freiburg im Breisgau 1999

Neuausgabe 2018

© Verlag Herder GmbH, Freiburg im Breisgau 2018
Alle Rechte vorbehalten
www.herder.de

Umschlaggestaltung: Designbüro Gestaltungssaal
Umschlagmotiv: © Daiquir – shutterstock
Vignetten: © Alesikka – shutterstock

Satz: Barbara Herrmann, Freiburg
Herstellung: CPI Books GmbH, Leck

Printed in Germany

ISBN 978-3-451-06142-4

INHALT

Vorwort von David Steindl-Rast 7

Anmerkung zur deutschen Übertragung 14

I. Leben und Poesie des Großen Narren Ryōkan 15

II. Anekdoten über Meister Ryōkan 47

III. Tautropfen auf einem Lotusblatt 65

Literaturverzeichnis 142

VORWORT

Zeit ist eine Funktion des Raumes«, behaupten die Physiker. Unserem Erleben bleibt dies freilich fern. Ich musste aber doch daran denken, weil es mir sonderbar vorkam, zu sagen: Ryōkan ist ein Zeitgenosse Goethes. Was soll Gleichzeitigkeit bedeuten bei der Entfernung Japans von Europa im frühen neunzehnten Jahrhundert? Welten trennen Goethes Weimar von Ryōkans Shimazaki. Und doch ereignet sich hier wie dort in den zwanziger Jahren unter völlig verschiedenen äußeren Umständen dasselbe: Ein weitberühmter, greiser Dichter verliebt sich Hals über Kopf in eine viel jüngere Frau. Goethe in Marienbad verliert den Kopf bei der Begegnung mit Ulrike von Levetzow, Ryōkan verliebt sich in die junge Nonne Teishin.

Den Kopf hatte Ryōkan allerdings schon längst verloren. Dafür war er bekannt. Schon vierzig Jahre vorher hatte sein Lehrer Kokusen ihn *Daigu* genannt, den großen Narren. Närrisch war er zeitlebens wie ein Verliebter, weil er eben in die ganze Welt verliebt war. Das machte ihn seinen Zeitgenossen so liebenswert, und daran liegt es wohl auch, dass seine Gedichte uns noch über Raum und Zeit hinweg so zu Herzen gehen.

In seinen Gedichten verwirklicht Ryōkan eine Zeile aus Rilkes *Stundenbuch*: »Nichts ist mir zu klein, und ich lieb' es trotzdem.« Und wie Rilkes Mönch die lieben Dinge groß und auf Goldgrund malt, so nennt dieser Zen-Mönch alles liebevoll beim Namen. Er schreibt nicht einfach von Blumen, sondern nennt sie Buschklee, Veilchen, Löwenzahn, Hirtentäschel, Winde, Waldrose, wilde Petersilie. Seine ganze Umwelt wird so für uns lebendig. Die Berge rund um seine Hütte, der Kuckuck im Frühlingswald, der Schrei der Wildgänse in der Herbstnacht, Krähen im Winter. Wir hören den Hirsch röhren und den Affen im Schneeregen heulen, weil er friert. Frösche konzertieren am Teich, Karpfen schwimmen drin, Schmetterlinge ziehen darüber hin. Grillen zirpen in der Mittagsglut, Glühwürmchen leuchten abends im Moos. Wir lernen die fette Katze kennen und den jungen Hund und die Menschen, die Ryōkan begegnen: den Bettler an der Brücke, den Bauernjungen mit der Hacke, Dorfschönheiten am Fluss und die Kinder, immer wieder die Kinder, mit denen er Ball spielt und herumtollt und um die er weint, wenn sie an Pocken sterben.

Aber nicht nur die Pflanzen, Tiere und Menschen liebt Ryōkan, sondern auch die Dinge, besonders die vernachlässigten. Er kann nicht dulden, dass sie ehrfurchtslos behandelt werden. Einen zerbrochenen Reistopfdeckel ehrt er mit schönen Schriftzeichen, die ihn wieder wertvoll machen. Seiner neuen Vase widmet er ein rührendes Gedicht; sie wird sich nie mehr einsam fühlen müssen, verspricht er ihr, und er wird sie immer sorgsam abstauben. Als er bemerkt, dass er seine Bettelschale irgendwo am Straßenrand hat liegen lassen, sorgt er sich nur, weil sie so einsam sein muss, die »traurige kleine Bettelschale«. Und wenn er in der Winterkälte den abgenutzten, steifen Pinsel mit seinem Atem wärmt, so spüren wir echte Herzenswärme.

> ... wenn du nicht von Dingen
> tief in deinem eigenen Herzen schreibst,
> Was ist denn da der Sinn,
> so viele Worte zu machen.

In Teishins Herz findet Ryōkan dann im Alter volles Verständnis für sein eigenes Herz. Es ist kein Zufall, dass sie es ist, die seine Gedichte sammelt und veröffentlicht. Der arme Goethe fand bei Ulrike nicht so tiefes Verstehen. Wie viel aber auch ihm diese letzte Liebe bedeutete, sehen wir daran, dass er seine *Marienbader Elegie* »eigenhändig mit lateinischen Lettern ... auf starkes Berlinpapier geschrieben und mit einer seidenen Schnur in einer Decke von rotem Maroquin befestigt«, immer bei sich trägt, wie Eckermann berichtet. Dass Ulrike ihn zurückwies, brach ihm das Herz. »Herz« wird aber doch von den beiden Dichtern ganz verschieden verstanden. Goethes *Elegie*, die der Gipfel seiner Liebeslyrik genannt wurde, spricht vom Herzen als von einer Burg mit fester, zinnenhoher Mauer, die die Geliebte »in sich bewahrt«. Ryōkan, der »freiherzige Zen-Vagabund«, wie er sich selbst nennt, weiß:

> Wir begegnen einander, nur um uns zu trennen,
> Wir kommen und gehen, wie die weißen Wolken.

Bleibe deinem eigenen Herzen treu, sagt er der Geliebten, deinem, nicht meinem.

> Wenn dein Herz
> Sich treu bleibt,

> So werden wir so fest verbunden sein
> ...
> Für endlose Zeiten.

So verstanden ist das Herz der Schnittpunkt vom unnennbaren Einen mit dieser Welt der hunderttausend lieben Namen. Indem die Liebenden beide ihre Herzen dem Einen öffnen, sind sie eins.

> Wenn du das Geheimnis
> des Buddhismus wissen möchtest,
> Hier ist es: »Alle Dinge sind im Herzen!«

Wer mit offenstehendem und so »leerem« Herzen in alle Dinge verliebt ist, der ist eben anders verliebt, anders närrisch, als wir dies gewöhnlich verstehen.

> Geh in das Leben hinein,
> so tief du kannst,
> Dann wirst du fähig,
> selbst die Blüten sein zu lassen.

Das Loslassen entspringt hier dem tiefsten Hineingehen in das Leben, der innigsten Liebe. Teishin oder Ulrike, erwidert oder verschmäht, so oder so bricht wahre Liebe den Liebenden das Herz. Wir dürfen aber dieses Herzzerbrechen als ein Aufbrechen verstehen, als ein Öffnen unseres Herzens für das unbegrenzte Namenlose. Die Liebe, die fähig wird, »selbst die Blüten sein zu lassen«, mündet in grenzenloses Mitleid.

Wenn ich
An die Leiden der Wesen
In dieser Welt denke,
So wird ihre Traurigkeit zu meiner.
Oh, wäre meine Mönchsrobe
Weit genug,
All die leidenden Menschen
In dieser fließenden Welt
Zu bergen.

Solches Mitleid hat Wirkkraft in unserer Welt. Ryōkan wird zugeschrieben, einen eigenwilligen Jungen, ohne ein Wort zu sagen, mit einer Träne zur Besserung bewogen zu haben. Vielleicht dürfen wir diese Träne in jener glänzenden Perle sehen, von der Ryōkan sagt:

Strahlender funkelt sie
Als Sonne und Mond,
Und jedes Auge erleuchtet sie.
...
Ich würde diesen Schatz
Jedem kostenlos schenken,
Aber kaum jemand
Fragt danach.

Hier nochmals eine Parallele, diesmal zwischen Goethes Ulrike und Ryōkans Teishin. Beide jungen Frauen strahlten wie diese Perle des Mitleids. In einem seiner letzten Gedichte schreibt Ryōkan, schon todkrank:

Wenn die Dämmerung zu lächeln beginnt,
Wird eine Frau kommen
Und meine stinkende Bettwäsche waschen.
…
Meine Hemden und Hosen verschmutzt,
In Schmerzen die ganze Nacht hindurch.

Im Alter – sie wurde 95 – schrieb Ulrike von Levetzow ihre Erinnerung an den ungewöhnlichen Heiratsantrag des 55 Jahre älteren Herrn Geheime Rat Goethe nieder und gestand treuherzig, »keine Liebschaft war es nicht«. Trotzdem wäre sie aber zur Ehe bereit gewesen: Sie »hätte Goethe sehr lieb, so wie einen Vater«, habe sie damals ihrer Mutter gesagt, »und wenn er ganz allein da stünde, ich daher glauben dürfte, ihm nützlich zu sein, da wollte ich ihn nehmen«.

Es war also nicht das Versprechen des Großherzogs, der mit allen seinen Orden geschmückt als Goethes Brautwerber kam und »mir von der lockendsten Seite schilderte, wie ich die erste Dame am Hof und in Weimar sein würde«, sondern einzig die Frage echten Mitgefühls, ob er sie brauche, die den Ausschlag gab. Als Ulrike zu dem Schluss kam, »er brauche mich nicht … war es abgemacht«. Sie selbst verheiratete sich nie. Wir dürfen uns aber vorstellen, dass auch sie, so wie Teishin, einen alten Mann in seiner Krankheit liebend gepflegt hätte.

Echt mädchenhaft, echt mütterlich zugleich ist diese Haltung herzlichen Mitgefühls. In Ulrike verkörpert, ließ sie das Herz des Herrn Geheime Rat noch einmal jugendlich aufflammen; aus Teishins Augen strahlte sie den alten Zen-Vagabunden verjüngend an. In Ryōkans weiser Narrheit und närrischer Weisheit wird liebendes Mitgefühl weltweit. Nichts ist in unserer Welt heute so notwendig wie diese Haltung. Durch Ryōkans Gedichte wird sie zum Appell an die *Anima* in uns allen. Darin sehe ich die bleibende Herausforderung in der Begegnung mit Ryōkans Dichtung.

In diesem Bändchen bietet Ryōkan uns seinen unerschöpflichen Schatz an. Er will uns helfen, unser Herz dem unnennbaren Einen zu öffnen, will uns unserem eigenen Herzen treu machen. Auch uns verspricht er mit jedem Bild, mit jeder Zeile, Ewigkeit – die Ewigkeit eines Herzens, das sich selbst treu bleibt. Zeit mag eine Funktion des Raumes sein; Ewigkeit ist eine Funktion des Herzens.

DAVID STEINDL-RAST

ANMERKUNG
ZUR DEUTSCHEN ÜBERTRAGUNG

Bei der deutschen Übertragung der Gedichte von Ryōkan aus dem Amerikanischen habe ich ebenso wie John Stevens versucht, schlicht, natürlich und mit dem Herzen zu übersetzen und auf überflüssige Worte zu verzichten. Die Fußnoten und Literaturangaben wurden ergänzt und aktualisiert. Auf Wunsch des Verlages habe ich noch einige Anekdoten über Ryōkan beigefügt und eine kleine Einführung in das Leben und die Poesie von Ryōkan vorangestellt.

Bedanken möchte ich mich beim Herder-Verlag für das Interesse an Ryōkan und insbesondere bei meinem freundlichen, geduldigen und hilfreichen Lektor Herrn Lukas Trabert; bei Fred von Allmen, in dessen Vipassanā-Kursen ich vor vielen Jahren zum ersten Mal Gedichte von Ryōkan hörte; und ganz von Herzen bei meiner Frau Barbara, die mir vor langer Zeit mein erstes Ryōkan-Büchlein geschenkt hat und mich immer wieder bittet, ihr Gedichte vom Ehrwürdigen Ryōkan-San zu übersetzen und vorzulesen.

M. B. S., Vogtareuth, 1999

I.

Leben und Poesie des Großen Narren Ryōkan

Vergesst nicht, Euer Leben in Heiterkeit zu leben,
Mit der tiefen Verbundenheit elterlicher Liebe
Und all Eure Tätigkeiten
Mit Großherzigkeit auszuführen.
ZEN-MEISTER DŌGEN[1]

Dies ist ein kleines Büchlein über das Leben des japanischen Zen-Meisters Daigu Ryōkan (1758–1831). Er lebte nach seiner Ausbildung in einem Zen-Tempel ein einfaches, entbehrungsreiches, aber sehr freies Leben als buddhistischer Bettelmönch und Einsiedler. Schon zu seinen Lebzeiten galt er als außergewöhnlicher Dichter und Kalligraf und war gleichermaßen bekannt für seine Bescheidenheit und Menschenliebe wie für sein unangepasstes und exzentrisches Verhalten. Mehrfach bat man ihn, als Abt einem buddhistischen Kloster vorzustehen, aber er lehnte stets ab und bestand darauf, den von Buddha gewiesenen Weg des Bettelmönches zu gehen. Manche seiner Zeitgenossen sahen in ihm einen Heiligen, manche einen großen Dichter, manche

---

[1] D. Bünker, Großer Weg, Deutsche Buddhistische Union, München, 1989. Zen-Meister Dōgen Kigen (1200–1253) war der Gründer der japanischen Sōtō-Zen-Schule.

auch nur einen sonderlichen und etwas verrückten Zen-Mönch. Er hinterließ, in alle Winde verstreut, etwa 1800 Gedichte.

Warum suchen einige Menschen nach dem Großen Weg? Warum nehmen wir auf unserer Suche so große Mühen auf uns? Warum erlernen und vertiefen wir die Kunst der Meditation? Warum schreiben wir Gedichte und malen Bilder? Warum erdenken wir die Quantentheorie? Warum versuchen wir immer wieder, aus den Dogmen der Gesellschaft, der religiösen Systeme und der Unfreiheit unseres eigenen konditionierten Geistes auszubrechen? Warum ist der Himmel blau und die Wiese grün? Warum sind die Lichtgeschwindigkeit und die Planck-Konstante gerade so, wie sie sind?

Als Kind habe ich sehr gerne Fragen gestellt, wie wohl alle Kinder das tun – sehr zum Leidwesen der Erwachsenen. Bei den meisten Kindern hört das mit der Zeit dann auf – sie werden halt auch irgendwann ›erwachsen‹. Doch bei manchen Menschen scheint dieses ›Erwachsen-Werden‹ nicht so ganz zu gelingen – sie bleiben dem Fragen treu und werden so also zu Dichtern, Physikern oder Zen-Meistern. So stellte etwa der chilenische Dichter Pablo Neruda noch wenige Monate vor seinem Tod ein kleines Gedichtbändchen fertig: »Das Buch der Fragen«[2]. Es enthält Gedichte, die im ersten Moment verblüffen, die uns aber beim ruhigen Verweilen zu einem sehr tiefen Verstehen führen können:

> Wieviele Bienen gibt es wohl
> an einem Tag?

---

[2] P. Neruda, El libro de las preguntas, auf englisch: The Book of Questions, Copper Canyon Press, Port Townsend, USA, 1991.

Und mit der Freude am Fragen geht ja Hand in Hand das Interesse am genauen Hinschauen und eine große Präsenz im gegenwärtigen Augenblick. Auch hier sind sich Kinder und Zen-Übende sehr nah. Rilke schreibt über ›des Kindes Hand‹ im »Stundenbuch«[3]:

> Sie nimmt nicht, was Erwachsene verlangen;
> nur einen Käfer mit verzierten Zangen,
> den runden Stein, der durch den Bach gegangen,
> den Sand, der rann, und Muscheln, welche klangen;

Und doch leben wir in einer Welt voller Gewalt, Gier, Hass, Lüge. Auch das Leben der Kinder ist ja davon nicht frei, und wenn wir ehrlich in uns selbst hineinschauen, dann entdecken wir auch dort diese dunkle Seite.

Wie also können wir Frieden finden? Wie können wir Frieden finden für uns und für die Lebewesen um uns – inmitten dieser vergänglichen, fließenden Welt? Das war für den Buddha und viele seiner Schülerinnen und Schüler durch 2500 Jahre bis auf den heutigen Tag die Große Frage.

Ryōkan war ein Mensch wie der Buddha und wie wir alle: er hat an der Welt und an sich selbst gelitten. Doch dann hat er sich aufgemacht und nach einem Weg zur Überwindung des Leidens gesucht, und schließlich hat er Frieden gefunden und uns sein Herz hinterlassen. Die Berührung mit Ryōkans Leben und Gedichten kann uns ermutigen, unseren eigenen Großen Weg authentisch zu gehen, mit allen Schwierigkeiten und Verzweiflungen, und

---

[3] R. M. Rilke, Das Stundenbuch, Insel Verlag, Frankfurt a. M., 1973.

schließlich im Herzen der Dinge Frieden zu finden. Und vielleicht haben ja auch wir dann Freude daran, das Echo unseres Herzschlages in kleinen Gedichten an alles Leben zu verschenken.

KINDHEIT UND JUGEND

Im mittleren Nordwesten der japanischen Hauptinsel Honshū, am Rande des Japanischen Meeres, liegt die frühere Provinz Echigo, die heutige Präfektur Niigata. Dies ist auch jetzt noch eine relativ abgelegene Gegend in Japan, und es ist dort im Winter sehr kalt und schneereich. Die Küstenberge sind 300 bis 400 m hoch, und in dem schmalen, fruchtbaren Küstenstreifen liegen Reisfelder, Bauerndörfer und wenige kleine Hafenstädtchen. In einem dieser Hafenstädtchen, in Izumozaki, wurde der spätere buddhistische Mönch und Dichter Ryōkan geboren.

Dem Hafen von Izumozaki vorgelagert liegt die kleine Insel Sado, von der Ryōkans Mutter Hideko (1735–1783) stammt. Hidekos Eltern besaßen auf Sado ein Großhandelsgeschäft, und Hideko selbst wurde 1751 von der wohlhabenden Kaufmannsfamilie Yamamoto aus Izumozaki, mit der sie entfernt verwandt war, adoptiert. Die Yamamoto-Familie leitete sich von Tachibana no Moroe ab, einem bekannten Mitglied des kaiserlichen Hofes im 8. Jh., und stellte auch in Erbfolge den Bürgermeister von Izumozaki.

Ryōkans Vater Araki Shinzaemon (1736–1795) kam aus dem nahegelegenen Städtchen Yoita und heiratete Hideko im Jahr 1754. Er wurde auch von der Yamamoto-Familie adoptiert, arbeitete dort als Kaufmann und folgte fünf Jahre später seinem Schwiegervater als Bürgermeister und örtlicher Shinto-Priester nach. Daneben war Ryōkans Vater unter dem Schriftstellernamen Tachibana Inan in seiner Provinz ein weithin anerkannter Dichter und bemühte sich insbesondere um die Wiederbelebung der Haiku-Gedichtform im Stil des berühmten Haiku-Meisters Matsuo Bashō aus dem 17. Jh. Hier einige Haiku von ihm:

Wie sie neue Formen annehmen
Sommerwolken steigen träge
Hoch über den Hügeln.

Einsamer Vogelschrei
Erschreckt bewegt sich der Mond
Mitten im Schilf.[4]

Ryōkan wurde 1758 geboren und war das erste Kind in der Ehe von Shinzaemon und Hideko – man nannte den kleinen Jungen Eizō oder auch Bunkō. Später wurden noch sechs weitere Kinder geboren, drei Jungen und drei Mädchen. Es scheint so, als sei die Mutter die liebevolle und ruhende Mitte der Familie gewesen – Ryōkan schrieb später über sie:

Tagein und tagaus,
Im Andenken an meine süße Mutter,
Wie gerne erblicke ich

---

[4] Yuasa (1981), S. 23, 25.

Fern im Meer die Insel Sado,
Bei Tagesanbruch und in der Abenddämmerung.[5]

Der Vater hatte eine überaus sensible und leidenschaftliche Natur, unter der er wohl auch selber sehr litt. Das Bürgermeisteramt unter dem strengen Regime der Militärherrschaft der Tokugawa-Shogune (1600–1856) belastete ihn innerlich stark. So erzog er Eizō auch in der Hoffnung, dass dieser ihm bald in jenem Amt nachfolgen werde. Drei Jahre nach dem Tod seiner Frau Hideko, die 1783 gestorben war, hielt es Shinzaemon nicht mehr zu Hause aus – er legte all seine Verantwortlichkeiten nieder und wanderte jahrelang heimatlos als Dichter und Opponent der Militärregierung durch ganz Japan, bis er 1795 in einer großen Verzweiflung den Freitod wählte, indem er sich in Kyoto in den Katsura-Fluss stürzte.

Eizō war ein stilles, in sich gekehrtes und doch zugleich stark beeindruckbares Kind. Er war ein fleißiger Schüler und liebte Bücher so sehr, dass er beim Lesen der japanischen und chinesischen Klassiker alles andere um sich herum vergessen konnte. Aber er galt schon als Kind als ein bisschen »weltfremd«, und er trug den Spitznamen: »Kerze in der Sonne«. Von 1771 bis 1777 studierte Eizō chinesische Literatur und Philosophie bei dem bedeutenden konfuzianischen Gelehrten und Dichter Ōmori Shiyō (gest. 1791), der in dem Nachbarstädtchen Jizōdō eine Privatschule eröffnet hatte. Ryōkan gedachte seines Lehrers Ōmori stets voller Ver-

---

[5] Yuasa (1981), S. 25.

ehrung und Dankbarkeit, und auch zu einigen Mitschülern entstanden lebenslange Freundschaften.

Später schrieb Ryōkan einmal:

Sollte mich jetzt jemand fragen,
Wie ich mich selbst sehe,
So würde ich sagen,
Ich bin genau der gleiche,
Der ich in der Kindheit war,
Eizō mit Namen.[6]

Die Atmosphäre von Ryōkans Kindheit und Jugend im Haus seiner Eltern wird vielleicht auch dadurch gut charakterisiert, dass auch die anderen sechs Geschwister ein tiefes Interesse an Religion und Literatur entwickelten. So schrieb der Bruder Yasunori (oder Yoshiyuki), der dann letztlich dem Vater als Bürgermeister nachfolgte, auch *Waka*-Gedichte unter den Schriftstellernamen Yūshi, der Bruder Enchō (oder Yūchō) wurde Abt des Enmeiji-Tempels in Izumozaki, der Bruder Kaoru wurde ein bekannter konfuzianischer Gelehrter in Kyoto, starb aber leider schon früh mit 29 Jahren, und die Schwester Mikako heiratete den Abt des Jōgenji-Tempels in Izumozaki und wurde später buddhistische Nonne mit dem Namen Myōgen.

---

[6] Yuasa (1981), S. 26.

ZEN-SCHULUNG

Schon im Alter von 16 Jahren ritt Eizō in die Nachbarstadt Amaze, um im Kōshōji-Tempel der Sōtō-Zen-Schule unter dem Tempelvorsteher Genjō Haryō (gest. 1814) seine Zen-Schulung als ein Laie zu beginnen. Mit knapp 18 Jahren übergab er sein Erbe und sein Amt als Bürgermeister-Nachfolger des Vaters an seinen Bruder Yasunori, nahm Abschied von der Familie, ließ sich die Haare scheren und trat als buddhistischer Novize in den Kōshōji-Tempel ein. Er erhielt den Namen Ryōkan – *ryō* bedeutet gut, tugendhaft und *kan* großherzig, weit.

Ōzeki Bunchū überliefert den folgenden Satz von Ryōkan: »Die Leute sagen alle: ›Erst werde Mönch und dann studiere Zen‹; aber ich habe erst Zen studiert und bin dann Mönch geworden.«[7]

Wir wissen nicht genau, was für ihn nun der Auslöser war, den Mönchsweg zu wählen – verschiedene widersprüchliche Gerüchte sind dazu im Umlauf. Klar ist jedoch, dass er als sensibler, wahrheitsliebender und mitfühlender Mensch mit den Belastungen des künftigen Bürgermeisteramtes nicht zurechtkam. Dort wurde er täglich konfrontiert mit Streitfällen aller Art, mit Korruption und Machtpolitik, mit zweifelhaften Gerichtsverfahren der Militärregierung und Todesurteilen, deren Exekution er als Zeuge beiwohnen musste.

Für drei oder vier Jahre übte Ryōkan dann im Kōshōji-Tempel unter der Anleitung von Genjō und begann bereits dort, das *Eihei koroku* zu studieren, eine Sammlung von

---

[7] Abé, Haskel (1996), S. 6.

Werken von Meisters Dōgen Kigen (1200–1253), dem Gründer der Sōtō-Zen-Schule in Japan. Im Jahr 1779 nahm sein Leben erneut eine schicksalhafte Wendung: Der Zen-Meister Dainin Kokusen (1723–1791), Abt des Sōtō-Klosters Entsūji in Tamashima (in der heutigen Präfektur Okayama) und Lehrer von Genjō, kam auf einer ausgedehnten Vortragsreise durch Nordjapan auch nach Amaze und nahm für einige Zeit die Gastfreundschaft des Kōshōji-Tempels an. Meister Kokusen stand in der Linie des berühmten Sōtō-Zen-Meisters und Reformators Manzan Dōhaku (s. S. 32) und war ein außergewöhnlicher buddhistischer Lehrer – als Ryōkan ihn nach seinem Zen-Stil befragte, antwortete er: »Erst mache eine Reihe von Steinen, dann gib Erde darauf«.[8] Dies ist die traditionelle Art, in der in Japan solide Fundamente für dauerhafte Häuser gelegt wurden. Ryōkan war von Kokusen so tief berührt, dass er spontan darum bat, als sein Schüler angenommen zu werden und ihn begleiten zu dürfen. Dies gewährte Meister Kokusen, und so wanderten der junge und der alte Mönch zusammen langsam zu Fuß von Tempel zu Tempel, die 600 km nach Süden zum Entsūji-Kloster. Dort unterzog sich Ryōkan in den nächsten 12 Jahren dem traditionellen Zen-Training der Sōtō-Zen-Schule.

Es gab und gibt in Japan viele verschiedene buddhistische Schulen, die sich in ihrem philosophischen Verständnis des Buddhaweges und in ihrer Übungspraxis stark voneinander unterscheiden. Die beiden größten japanischen Zen-Schulen, Rinzai und Sōtō, teilen in vielem die gleiche

---

[8] Abé, Haskel (1996), S. 7.

Sichtweise, die sich vielleicht am besten durch die ›Vier Aussagen‹ des chinesischen Ch'an-Meisters Nan-ch'üan P'u-yüan (jap. Nansen Fugan, 748–835) charakterisieren lässt – Zen (chin. Ch'an) ist:
– eine besondere Überlieferung,
 außerhalb der orthodoxen buddhistischen Lehre,
– unabhängig von heiligen Schriften,
– das unmittelbare Deuten auf den Herz-Geist des Menschen,
– die Schau des eigenen Wesens
 und Verwirklichung der Buddha-Natur.

In der praktischen Übungsweise jedoch betont die Rinzai-Schule (chin. Lin-chi-Schule) sehr stark das *Kanna* (chin. *K'an-hua*), das ›Betrachten der Worte‹, also die meditative Konzentration auf ein *Kōan* (chin. *kung-an*). Ein solches *Kōan* ist oft irgendein kleiner Ausspruch der alten buddhistischen Meister, der jegliches logisch begriffliche Denken transzendiert und dadurch für die Schülerinnen und Schüler »wie ein Finger, der zum Mond zeigt« sein kann. Im allgemeinen pflegte man in der japanischen Rinzai-Schule sehr dynamisch, kraftvoll und manchmal wohl auch etwas gewalttätig um *kensho*, das Erwachen oder die Erleuchtung, zu ringen.

Im Gegensatz dazu betont die Sōtō-Schule (chin. Tsaotung-Schule) das *Mokushō* (chin. *Mo-chao*), das ›heiter gelassene Widerspiegeln‹, das stille Sitzen und langsame Gehen in Versenkung. Historisch gesehen ist diese Übungsform älter als das *Kanna*-Zen; schon die ersten chinesischen Ch'an-Meister übten auf diese Weise. Der japanische Meister Dōgen Kigen, der diese Form der Meditation in China erlernt hatte, brachte sie 1227 nach Japan und formulierte als Grundsätze der von ihm gegründeten Sōtō-Schule:

- *shikantaza*: das stille, absichtslose Sitzen in Versenkung (*zazen*),
- *shushō ichigyō*: Übung und Erleuchtung sind eins.

Aber Ryōkan lernte bei Kokusen nicht nur das stille Sitzen, sein Lehrer unterstützte ihn auch nach Kräften in seinen Studien der philosophischen Werke von Dōgen, der klassischen japanischen und chinesischen Lyrik und beim Üben und Vertiefen der Kunst der Kalligrafie.

Im Rückblick sagte Ryōkan viele Jahre später: »Ich denke zurück, erinnere mich meiner Tage in Entsū-ji und des einsamen Kampfes, den Weg zu finden ... Stets war ich der erste in der Reihe, des Meisters Belehrung zu empfangen, und nie versäumte ich eine Stunde der Meditation ... Wie könnte ich die Güte meines geliebten Lehrers vergessen?«[9]

»In meiner Jugend saß ich sehr viel und für lange Zeit in der Meditation, im Wunsch, durch meine Übung die Kunst des ruhigen Atmens zu meistern. Welche Tugenden auch immer ich jetzt in mir tragen mag, um den Frieden meines Herzens zu fördern, das alles verdanke ich der harten Disziplin, der ich mich in meiner Jugend unterzog.«[10]

In Jahr 1790 erhielt Ryōkan von Kokusen *inka*, das ›Siegel der Anerkennung‹ seiner Verwirklichung[11] – dieses Blatt war Ryōkan so sehr lieb und wertvoll, dass er es sein ganzes Leben lang mit sich herumtrug:

---

[9] Siehe S. 63.
[10] Yuasa (1981), S. 28.
[11] Abé, Haskel (1996), S. 106.

An den Einsiedler-Meister Ryōkan
Ryōkan! Wie schön einem Narren zu gleichen,
ist doch dann der eigene Weg über jedes Maß erhaben.
Frei und leicht, die Dinge ihren eigenen Weg gehen
  lassen –
wer kann das ermessen?
Daher vertraue ich dir diesen Stab einer wilden Glyzinie
  an.
Wann immer du ihn gegen die Wand lehnst,
Lass ihn den Frieden eines Mittagsschläfchens bringen.

Kokusen kannte das Herz seines Schülers und redete ihn hier sowohl als *Daigu*, als großen Narren an, wie auch als *Anju*, als Einsiedler-Meister. Danach diente Ryōkan seinem Meister noch bis zu dessen Tod ein Jahr später als *shuso*, als leitender Mönch und Vorsitzer in der Meditationshalle.

WOLKE UND WASSER

Nach dem Tod seines verehrten Meisters Kokusen (1791) verließ Ryōkan das Kloster in Tamashima und begab sich als buddhistischer Bettelmönch auf Wanderschaft. Seit jeher wurde im Zen die Tradition der *Unsui* gepflegt, der Mönche, die wie ›Wolke und Wasser‹ nach dem Vorbild des Buddha durch das Land zogen, mit nur einer Robe und einer Bettelschale. Sie übernachteten für eine Nacht in kleinen Landtempeln oder in Häusern von Laien, verbrachten vielleicht einige Zeit in einer kleinen Einsiedlerhütte in den Bergen oder nahmen an einer längeren Meditationsklausur oder Vortragsreihe im Kloster eines bekannten Meisters teil. Für die jungen Mönche war dies eine Gelegenheit, verschiedene Klöster kennenzulernen und nach dem Meister zu suchen, zu dem sie sich in ihrem Herzen am stärksten hingezogen fühlten und dessen Führung sie sich anvertrauen wollten. Für die älteren Mönche, wie Ryōkan, die ihre Ausbildung bereits erfolgreich abgeschlossen hatten, bot die Wanderung die wertvolle Gelegenheit, die eigene Einsicht und Verwirklichung in der Begegnung mit den großen Meistern ihrer Zeit zu prüfen und zu vertiefen. So bereiteten sie sich auf ihre künftige Aufgabe als Zen-Lehrer vor und wurden meist auch nach einigen Jahren der Wanderung als Vorsitzer oder Abt an einen Klostertempel berufen.

Wir wissen sehr wenig über Ryōkans Leben in den fünf Jahren seiner Wanderungen. Doch scheint diese Zeit für ihn eine sehr schwere und dunkle Zeit gewesen zu sein. Unter dem bedeutenden Zen-Meister Manzan Dōhaku (1636–1714) hatte in den Klöstern der Sōtō-Zen-Schule in Japan eine Rückbesinnung auf Zen-Meister Dōgen stattgefunden, den Gründer der Schule. Diese Restauration war aber sehr stark von formalen Gesichtspunkten geprägt. Ganz dem politischen Zeitgeist der Tokugawa-Diktatur (1600–1856) entsprechend, bestimmten hierarchische Organisation und strikte Regeln jede Kleinigkeit des Alltagslebens. Die Führung der Sōtō-Zen-Schule war eine enge Bindung zur Regierung eingegangen, und ihre Tempel und Klöster erfüllten für die Regierung zahlreiche administrative Aufgaben. Zusätzlich war gerade zu Ryōkans Zeit noch ein bitterer Machtkampf zwischen Eiheiji und Sōjiji ausgebrochen, den beiden höchsten, ursprünglich gleichberechtigten Hauptklöstern der Sōtō-Zen-Schule. Später hat sich Ryōkan gelegentlich zur Korruption des religiösen Lebens in den Klöstern geäußert:

»Äußerlich spielen sie die Überlegenen, nutzen die Leichtgläubigkeit alter Bauersfrauen aus und gratulieren sich selbst zu ihrer Cleverness. Ach! Werden sie jemals zu sich kommen? ...

Ihr mögt Räucherstäbchen abbrennen, oder zu Göttern und Buddhas beten, dass eure Hingabe an den Weg immer fest sei; aber wenn ihr so bleibt, wie ihr im Moment seid, so ist euer Pfad in jeder Richtung blockiert. ...

Eine gute Gelegenheit geht leicht verloren und nur schwer begegnet man den wahren Lehren. Ihr solltet einen Neubeginn machen! Wartet nicht darauf, dass ich euch das später nochmals sage und erneut meine helfende Hand reiche. Für mich ist das eine traurige Sache, daher bitte ich euch nun aufrichtig: prüft euch selbst von jetzt an sorgfältig und ändert euren Weg. Bemüht euch mit aller Kraft, ihr Nachfolger des Buddha, sodass ihr später nichts bereuen müsst.«[12]

Für Ryōkan ging es nicht darum, an den alten Formen von Meister Dōgen festzuhalten, sondern dessen Geist und Herz wieder lebendig zu machen. In einem Gedicht aus späteren Jahren schreibt er:

Welch mysteriöse Verwandtschaft verbindet mich
mit dem *Eihei koroku*[13]?
Warum sehe ich, wohin ich mich auch wende,

---

[12] Abé, Haskel (1996), S. 50.
[13] Eine Sammlung von Werken von Meister Dōgen.

das Auge der Wahren Erleuchtung?
Wieder und wieder las ich diese Schrift
und weiß schon gar nicht mehr wie oft.
Kaum etwas darin, das man widerlegen könnte.
Ich habe nun unter Lehrern aller Schulen studiert,
Doch am Ende kam ich zurück
auf das *Eihei koroku*
und finde mich eins mit seinen Worten.
Aber ach, was kann man tun?
Überall herrscht heute Verwirrung,
Die Leute können einen Felsen
nicht von einem Juwel unterscheiden.
Seit fünfhundert Jahren hat diese Schrift Staub angesetzt,
Weil niemand Augen hat, um die Wahrheit zu sehen,
Für wen wurde denn dies gewaltige Werk verkündet?
Ich verzehre mich vor Sehnsucht nach der Vergangenheit
Und werde von Verzweiflung über die jetzige Zeit
    gequält.
Die ganze Nacht sitze ich vor meiner Lampe,
Weine und weine
bis diese Aufzeichnungen der alten Buddhas
völlig durchweicht sind.
Am nächsten Tag kommt mein Nachbar,
ein alter Mann, zu Besuch.
»Warum sind diese Bände alle nass?«, fragt er.
Ich versuche es zu erklären, aber ich kann nicht,
und es schmerzt mir mein Herz,
Es schmerzt mir mein Herz,
aber ich kann es nicht erklären.
Für eine Weile senke ich schweigend meinen Kopf
und suche nach den richtigen Worten,

Schließlich sage ich:
»Letzte Nacht kam der Regen herein
und durchweichte alle meine Bücher.«[14]

Im Jahr 1795 hörte er unterwegs auf der Straße vom Freitod seines Vaters und eilte sofort nach Kyoto, um dort an der Trauerfeier teilzunehmen und für seinen Vater spezielle Zeremonien und Gebete durchzuführen. Danach blieb er noch für etwa ein Jahr in Kyoto und dessen weiterer Umgebung und versuchte, eine Antwort auf seine existenzielle Situation zu finden. Er war jetzt 38 Jahre alt, sein Körper war erschöpft, unterernährt und von Krankheiten geschwächt. An die Strapazen großer Wanderungen war nicht mehr zu denken. Und in den Klöstern hielt es sein freiheitsliebender Geist stets nur vorübergehend aus. Was also nun? Wo konnte er seinen Platz finden?

EINSIEDLERLEBEN

Ryōkan entschloss sich, in seine Heimat zurückzukehren, in die Provinz Echigo, in die Dörfer und Bergwälder seiner Kindheit und Jugend.

Ich bin zurückgekehrt nach Itoigawa, mein früheres Dorf.
Krank geworden, raste ich in einer Herberge
Und lausche dem Klang des Regens.

---

[14] »Beim Lesen der Aufzeichnungen aus Eihei«, Abé, Haskel (1996), S. 164.

> Eine Robe und eine Bettelschale,
> das ist alles, was ich habe.
> Wie ich etwas kräftiger werde,
> erhebe ich meinen schwachen Körper,
> Brenne ein Räucherstäbchen und sitze im Zazen.
> Die ganze Nacht fällt traurig der Regen
> Und ich träume von meiner Pilgerschaft
> in diesen vergangenen zehn Jahren.[15]

Vielleicht waren Ryōkan bei der Suche nach seinem weiteren Weg auch andere Zen-Meister der Vergangenheit ein Vorbild, die sich ebenfalls von dem institutionalisierten Zen der Klöster und Tempel unabhängig gemacht hatten. Berühmt war etwa das Leben des Zen-Meisters Unkei Tōsui (gest. 1683), der sein Amt als Abt eines Sōtō-Klosters in Ryōkans Heimatprovinz Echigo niedergelegt hatte, und der als ›Bettler Tōsui‹ bekannt wurde, oder auch der ›alte Tee-Verkäufer‹ Maisaō (oder Baisaō, gest. 1765), der eine Teestube führte und viele Gedichte schrieb.

Von 1796 bis 1804 hatte Ryōkan keinen festen Platz in der Gegend, sondern lebte mal in dieser, mal in jener Hütte, mal für längere Zeit im Mitsuzōin-Tempel in Teradomari und im Saiseiji-Tempel in Nozumi. Und obwohl er nicht ins Elternhaus zurückkehrte und Familie und Freunde weit verstreut waren, hatte er doch das Gefühl, seine Heimat wiedergefunden zu haben – so schrieb er: »Alles, was lebt auf Erden, hat ja eine Heimat als sein Geburtsrecht ... Nun, da ich dorthin zurückgekehrt bin, wo ich hingehöre, zu einer Hütte an einer

---

[15] J. Stevens (1977), S. 44.

Felsklippe, sammle ich mir früh und spät wilde Farntriebe als Nahrung.«[16]

In einer zeitgenössischen Beschreibung von Ryōkan heißt es: »Es gab da eine leere Hütte bei Gōmoto, direkt am Meer. Eines Abends kam ein wandernder Zen-Mönch und fragte in einem Nachbarhaus um die Erlaubnis, ob er dort eine Weile bleiben dürfe. Am nächsten Tag bettelte er in der Nachbarschaft um Essen, und als er genug für den Tag hatte, kehrte er in die Hütte zurück. Wenn ihm mehr Nahrung gegeben wurde, als er benötigte, so teilte er diese mit Vögeln und Tieren. Im Laufe eines halben Jahres begannen die Dorfbewohner, seine außergewöhnliche Tugend zu erkennen und halfen ihm auch mit Kleidung. Er behielt aber nur das absolut Notwendigste und gab den Rest bedürftigen Menschen, die er auf der Straße sah. Seine Hütte lag etwa 10 km entfernt von Izumozaki.«[17]

Im Jahr 1800 hatte Ryōkan eine Hütte auf halber Höhe des etwa 330 m hohen Kugami-Berges entdeckt, 18 km von Izumozaki entfernt, die zum Kokujōji gehörte, einem nahegelegenen Tempel der buddhistischen Shingon-Schule[18]. Diese Hütte trug den Namen Gogō-an (Fünf-Schalen-Reis-Klause), da sie etwa 100 Jahre vor Ryōkan von einem Mönch mit dem Namen Mangen errichtet worden war, der dann dort gelebt und meditiert hatte und vom Tempel mit täglich fünf

---

[16] Yuasa (1981), S. 32.

[17] Abé, Haskel (1996), S. 12, bzw. Yuasa (1981), S. 32, 33.

[18] Die Shingon-Schule (›Schule des Wahren Wortes‹, d. h. Mantra-Schule) ist eine japanische buddhistische Tantra-Schule, die in vielen Punkten den tibetischen Vajrayāna-Schulen ähnelt – sie wurde von dem bedeutenden japanischen Mönch Kūkai (774–835) um das Jahr 800 nach Japan gebracht.

Schalen Reis unterstützt worden war. Im Jahr 1804 erhielt Ryōkan vom Tempel die Genehmigung, sich auf Dauer in dieser Hütte niederzulassen.

In der Gogō-an-Klause am Kugami-Berg fand Ryōkan die Stille, die er so lange gesucht hatte, hier fand er Frieden in seinem Herz und Geist. Hier entstanden seine vielen Gedichte und Kalligrafien. Und dennoch floh er die Welt und die Menschen nicht – er hatte jetzt seinen eigenen Weg gefunden, in der Welt zu wirken. So empfing er in der warmen Jahreszeit in seiner Hütte gerne Besucher und Freunde, aber vor allem blieb er durch seine oftmals tagelangen Bettelwanderungen in den näheren und ferneren Dörfern und Städten mit dem ›normalen‹ Leben in engem Kontakt, half den Leuten auch in der Küche und im Garten oder pflegte Kranke. Diese Art der offenen menschlichen Begegnung auf seinen Bettelrunden stellte für Ryōkan das Herz des Buddha dar, die Verwirklichung von Mitgefühl und Weisheit zugleich. Dabei trank er gerne auch mal mit alten Bauern eine Schale Sake (Reiswein), besuchte ein Dorffest oder vergaß beim Spielen mit den Kindern alles andere um sich herum. Die hier übersetzten Anekdoten und Gedichte schildern diese Jahre seines Lebens sehr schön und ausführlich.

Einmal begab sich ein lokaler Feudalherr zur Gogō-an-Klause und bot Ryōkan an, ihm einen Tempel errichten zu lassen und ihn dort als Abt einzusetzen. Doch Ryōkan lehnte mit dem folgenden Gedicht ab:

Der Wind bringt mir
Genug abgefallene Blätter
Um ein Feuer zu machen.[19]

Dennoch war Ryōkan bereit, wenn er aufrichtig und ernsthaft darum gebeten wurde, sein tiefes Verständnis des Buddha-Weges weiterzugeben. Auch wenn er, ganz im Geist des Zen, die Übungs- und Lebens-Praxis für wichtiger ansah als das Studium der buddhistischen Schriften, so hatte er doch ein umfassendes Wissen und eine große Wertschätzung der klassischen buddhistischen Texte. Das Lotus-Sutra etwa liebte er so sehr, dass er sich von diesem umfangreichen Text eine handschriftliche Kopie anfertigte. Und einmal hielt er im Kokujōji-Tempel eine Reihe von Vorträgen über das Abhidharmakosha von Vasubandhu. Dies ist ein komplexer Text über buddhistische Philosophie und Psychologie, der im 5. Jh. in Kaschmir entstand und später ein grundlegendes Werk der chinesischen buddhistischen Schulen darstellte. »So umfassend war seine Darstellung der Bedeutung dieses Textes, dass die Mönchsgemeinschaft mit Ehrfurcht erfüllt war. Aber nach zehn Tagen verließ der Meister den Tempel. Die Mönche liefen ihm nach und ersuchten ihn immer wieder zurückzukehren, aber der Meister sagte:

Genug ist genug!«[20]

Eine im Buddhismus häufig reflektierte Frage ist die nach dem Zusammenhang zwischen den buddhistischen Lehren und der

---

[19] J. Stevens (1996), S. ix.
[20] Abé, Haskel (1996), S. 40.

Wirklichkeit. Diese Frage wird gerne mit dem Gleichnis vom ›Finger, der zum Mond weist,‹ beantwortet – dabei steht der Finger als Symbol für die buddhistischen Lehren und Übungsweisen und der strahlende, volle Mond für die klare, erleuchtete Natur des Geistes. Ryōkans ›nichtdualistische‹ Sicht kommt sehr schön in dem folgenden Gedicht zum Ausdruck:

> Wegen des Fingers
> kannst du auf den Mond zeigen.
> Wegen des Mondes
> kannst du den Finger verstehen.
> Mond und Finger sind weder verschieden,
> noch sind sie gleich.
> Dieses Bild wird nur gebraucht,
> um Schüler zur Erleuchtung zu führen.
> Wenn du einmal wirklich
> die Dinge siehst, wie sie sind,
> Dann ist da kein Mond mehr
> und kein Finger.[21]

Ryōkans Freund und Biograf Suzuki Bundai (1796–1870), der bereits 1814 die erste Ryōkan Anthologie herausgab, schrieb dort:

»Weltliche Menschen bezeichnen ihn sehr verschieden: als einen Narren, einen Weisen, einen Idioten, einen Menschen des Weges. Er hat nie den Reichen und Mächtigen geschmeichelt oder die armen und einfachen Leute verachtet. Er war nicht glücklich, wenn er Dinge bekam, oder traurig,

---

[21] Abé, Haskel (1996), S. 40.

wenn er sie wieder verlor. Er ging einfach so durch das Leben, natürlich, entspannt, ein Mensch, der jenseits des Staubes dieser Welt gegangen war. Häufig wurde er von Kindern begleitet, wenn er auf seiner Bettelrunde unterwegs war, und man konnte ihn dann im Schatten der Bäume oder in den Feldern sehen, ganz vertieft ins Spiel beim Tauziehen mit Gräsern, beim Sumo-Ringen oder Ballspiel.«[22]

Doch Ryōkan kannte auch Einsamkeit, Schmerz, Krankheit, Trauer und Dunkelheit – im Gegensatz zu vielen anderen Zen-Meistern aber unterdrückte oder versteckte er diese Seite unseres Menschseins nicht, sondern versuchte, auch diesen schweren Erfahrungen des Lebens mit einem offenen Herz und Geist zu begegnen. Einer der schmerzlichsten Momente seines Lebens war für ihn der Tod seines Zen-Schülers Miwa Saichi, den er als seinen Dharma-Erben ansah und der noch in jungen Jahren 1807 starb.

Hunger, Kälte und Einsamkeit waren seine steten Begleiter, insbesondere aber, wenn er im Winter für Monate in seiner kleinen Hütte am Berg eingeschneit war. Daneben litt er im Winter unter ständigen Erkältungen und Schmerzen an der Lendenwirbelsäule, im Sommer häufig an Erbrechen, Durchfall und Hautkrankheiten. Glücklicherweise hatte er unter seinen Freunden und Förderern auch einige Ärzte, die ihn soweit als möglich mit gutem Rat und Medizin versorgten.

Im Jahr 1815 erhielt Ryōkan in der Gogō-an-Klause mehrfach Besuch von einem erst 14 Jahre alten Shingon-Mönch mit dem Namen Henchō (1801–1876), der aus Shimazaki stammte. Schließlich bat Henchō darum, als Schüler

---

[22] Abé, Haskel (1996), S. 3.

bei Ryōkan bleiben und ihm helfen zu dürfen. Da Ryōkan älter wurde und schon Mühe hatte mit dem Wasserholen und Feuerholzsammeln, nahm er diese Hilfe dankbar an. 1816 zogen die beiden Mönche in eine kleine Hütte beim Otogo-Schrein am Fuße des Kugami-Berges, sodass Ryōkan bei seinen Bettelrunden und den häufigen Besuchen bei seinen Freunden nicht mehr den steilen Bergpfad bewältigen musste. 1826 erzwangen Alter und Krankheiten schließlich, dass Ryōkan ein Angebot seines Freundes und Unterstützers Kimura Motouemon (1778–1848) annehmen musste, in einem Gartenhäuschen auf dem Grundstück der wohlhabenden Kimura-Familie in Shimazaki seine letzten Jahre zu verbringen. Sein junger Freund und Schüler Henchō ging in den Shingon-Tempel von Jizōdō, wo er später als Abt wirkte.

Im Jahr 1828 gab es in der Provinz Echigo große Unwetter, Überschwemmungen, Hungersnot – und dann in einem eiskalten November auch noch ein schweres Erdbeben mit mehr als tausend Toten. Damals schrieb Ryōkan das folgende Gedicht, das unter Zen-Übenden berühmt wurde und das auch uns Heutige noch ermutigt, uns dem Leben anheimzugeben:

Wenn du einem Unheil begegnest,
ist es gut, dem Unheil zu begegnen.
Wenn du stirbst,
ist es gut zu sterben.

Dies ist die wunderbare Weise,
dem Unheil zu entrinnen.[23]

---

[23] H. Dumoulin (1986), S. 316, und Yuasa (1981), S. 39.

GEDICHTE

Ryōkan hatte eine große Abneigung gegen Gedichte von professionellen Dichtern, Kalligrafien von professionellen Kalligrafen und die allseits beliebten Dichter-Wettstreite. Die Freundin seiner letzten Jahre, die buddhistische Nonne Teishin, und andere Freunde sammelten nach Ryōkans Tod seine in alle Himmelsrichtungen verstreuten Gedichte, etwa 1400 japanische und 400 chinesische Gedichte.

Die Lyrik erfuhr in Japan seit jeher eine große Wertschätzung, und so entstanden durch die Jahrhunderte hindurch zahlreiche private wie auch kaiserliche Gedicht-Anthologien[24]. Die älteste heute noch erhaltene Anthologie ist das auf private Initiative hin kompilierte *Man'yōshū* (nach 759), die erste kaiserliche Anthologie das *Kokinwakashū* (905). Es folgten weitere sieben kaiserliche Gedicht-Sammlungen bis hin zum bedeutenden *Shinkokinwakashū* (1205) unter Go-Toba Tennō. Ryōkan selbst schätzte die alten Gedichte des *Man'yōshū* außerordentlich und bemühte sich in seinen japanischen Gedichten, diesen Geist der Alten wieder lebendig werden zu lassen. Im *Man'yōshū* ist die Standardform der Gedichte das *Waka* oder *Tanka*, ein Kurzgedicht mit 5 Zeilen mit 5, 7, 5, 7, 7 Silben (in *Kana*, der japanischen Silbenschrift). Es kommen aber auch einige *Sedōka* vor, mit zwei Strophen zu je 5, 7, 7 Silben und *Chōka* oder *Nagauta*, Langgedichte mit vielen zweizeiligen Strophen zu je 5, 7 Silben.

---

[24] Siehe etwa: W. Gundert et al., Lyrik des Ostens, München, 1978.

In der Zeit der Shōgun-Militärdiktatur, die mit Yoritomo (1147–1199) begann, verfiel die Kunstform des *Waka*, und es wurde vorwiegend die Form des *Renga* gepflegt, eines Kettengedichtes mit beliebig vielen Doppelstrophen mit drei plus zwei Zeilen mit 5, 7, 5 plus 7, 7 Silben, wobei jede Doppelstrophe von einem anderen Dichter stammte. Daneben entstand aber besonders im Umfeld des Zen auch das kurze *Hokku* oder *Haiku* mit drei Zeilen mit 5, 7, 5 Silben.

Die meisten japanischen Gedichte Ryōkans sind *Waka*, aber es gibt auch etwa 90 *Chōka* und einige *Haiku* von ihm. Die damals übliche politisch-historische Nostalgie für die *Man'yōshū*-Gedichte als Symbol der ›guten alten‹ Kaiserzeit war Ryōkan fremd. Was ihn vielmehr daran erfreute und inspirierte, waren die grundlegenden geistigen Prinzipien jener alten Lyrik: *Kokoro* – Herz, Gefühl; *Makoto* – Wahrheit, Aufrichtigkeit; *Yūgen* – tiefer Sinn mit gewöhnlichen Worten.

Über die strengen Formgesetze sowohl in der Silbenzahl als auch in der Kompositionslehre setzte er sich freilich meistens hinweg. Suzuki Bundai (1796–1870), ein Schüler Ryōkans, sagte: »Metrische Regeln waren genau das, was mein Lehrer am wenigsten leiden konnte«, und Ōzeki Bunchū (gest. 1834), ein Freund von Ryōkan, schrieb dazu: »Einmal bemerkte jemand dem Meister gegenüber, dass seine Gedichte viele technische Fehler enthielten. Der Meister antwortete: ›Ich schreibe einfach, was mir in den Sinn kommt. Ich verstehe nichts von technischen Fragen. Wenn es Leute gibt, die in solchen Sachen geschult sind, dann können sie ja selbst die Korrekturen vornehmen.‹«

Weitere japanische Quellen der Inspiration für Ryōkan waren:

- die Gedichte von Ariwara no Narihira (825–880) in der Anthologie des *Kokinwakashū*, von dem spätere Generationen sagten, er habe zu viel Gewicht auf das Herz (*Kokoro*) gelegt und zu wenig auf die Worte (*Kotoba*),
- die Gedichte des buddhistischen Mönchs Saigyō in der Anthologie des *Shinkokinwakashū*[25], der besonders *Kyomō*, die Leerheit und Illusionshaftigkeit aller Dinge, betonte,
- die Gedichte und Schriften des Zen-Meisters Dōgen (1200–1253), des Gründers der Sōtō-Schule des Zen, der einmal schrieb:

Buddhismus studieren bedeutet
Dich selbst studieren –
Dich selbst studieren bedeutet
Dich selbst vergessen –
Dich selbst vergessen bedeutet
Von allen Dingen erweckt werden.[26]

Ryōkan liebte aber auch die chinesische Lyrik der T'ang-Dynastie (618–906) und zwar neben Wang Wei (699–761), Li Po (701–762) und Tu Fu (712–770) insbesondere die Gedichte des buddhistischen Einsiedlers Han Shan Shih (Mitte des 7. Jh.?), der sich zur Meditation in die Einsamkeit des T'ien T'ai-Gebirges zurückgezogen hatte. Ein Gedicht von Han Shan lautet:

---

[25] H. Hammitzsch, L. Brüll, Shinkokinwakashū, Reclam, Stuttgart, 1964.
[26] Siehe auch Shōbōgenzō, Dōgen Zenji, S. 24, Theseus, Zürich, 1977.

Hast du die Han Shan Gedichte im Haus?
Sie sind besser für dich als Sutren-Lesen
Auf einen Wandschirm schreibe sie dir
Wirf ab und zu einen Blick darauf![27]

Dies hat Ryōkan wörtlich beherzigt – er schrieb sich viele Gedichte von Han Shan ab und hängte die Blätter an den Wänden seiner kleinen Hütte auf. Wenn Ryōkan im Winter in seiner Einsiedelei für lange Zeit vom Schnee eingeschlossen war, dann gehörte das Lesen von Han Shans Gedichten zu seiner liebsten Beschäftigung. Seine eigenen *Kanshi*-Gedichte in chinesischem Stil, d. h. in Zeilen mit meist 5, manchmal auch 7 chinesischen Schriftzeichen (mit japanischer Grammatik und Aussprache), sind oft persönlicher und intimer als seine japanischen Gedichte. Sie sind voll des Gefühls von *Mushin*, dem leeren Herz und Geist, von *Mujō*, dem Gefühl der Vergänglichkeit, und *Kokorobososhi*, dem für ihn so alles durchdringenden Gefühl der Einsamkeit, inmitten von Menschen ebenso wie im bedrückenden Alleinsein in Krankheit.

LIEBE UND ABSCHIED

Und doch hatte auch das beschwerliche Alter für Ryōkan noch eine wunderschöne und tiefe Erfahrung bereit. Im Herbst 1827 erhielt er in seinem Gartenhäuschen bei der

---

[27] Gedicht Nr. 150 in: S. Schumacher, Han Shan, 150 Gedichte vom Kalten Berg, Diederichs Verlag, München, 1974.

Kimura-Familie Besuch von der jungen Nonne Teishin (1798–1872). Teishin war eine Tochter von Okumura Gohei, einem Samurai in den Diensten des Feudalherren von Nagaoka. Sie hatte siebzehnjährig den Landarzt Seki Chōun geheiratet. Als schon nach fünf Jahren Ehe ihr geliebter Mann starb, schnitt sie ihre Haare ab, wurde buddhistische Nonne und trat in den Emmadō-Tempel der Reinen-Land-Schule[28] in Fukushima ein. Teishin schrieb japanische Gedichte in der Kunstform des *Waka*, und da sie von Ryōkans Ruhm als Dichter gehört hatte, beschloss sie, ihn einmal zu besuchen und seine Unterweisung zu erbitten. Bei ihrer ersten Begegnung waren Ryōkan 69 und Teishin 29 Jahre alt – und doch scheint es, als hätten sich beide augenblicklich ineinander verliebt. Teishin schickte Ryōkan ein Gedicht:

Da ich dir nun so begegnet bin,
Zum ersten Mal in meinem Leben,
Kann ich anders, als zu empfinden:
Was für ein süßer Traum,
Der noch in meinem dunklen Herzen weilt.[29]

---

[28] Die Reine-Land-Schule (chin. Ching-t'u, jap. Jōdo-shū) wurde in China im Jahre 402 von Hui-yüan (334–416) unter dem Namen ›Weißer-Lotos-Gesellschaft‹ gegründet. Im 12. Jh. begründete Hōnen (1133–1212) in Japan die eigentliche Jōdo-Schule und baute sie zu einer großen Organisation aus. Das Ziel der Anhänger dieser Schule ist es, nach ihrem Tod im ›Reinen Land des Buddha Amitābha‹ (›sukhāvatī‹) wiedergeboren zu werden.

[29] Yuasa (1981), S. 40.

Ryōkan beantwortete dieses Gedicht, und von da an besuchte Teishin ihn regelmäßig. Die beiden spielten Ball, tauschten Gedichte aus und meditierten gemeinsam. Ryōkan fühlte sich in der Tiefe seines Wesens verstanden und geliebt, und für Teishin lösten sich in dieser Begegnung langsam die schwarzen Wolken in ihrem Herzen, und sie fand Frieden und Erleuchtung.

Im Winter 1830 erkrankte Ryōkan schließlich an einer heftigen Darmerkrankung – er konnte nichts mehr essen und litt unter schweren Durchfällen. Trotz seiner Schwäche schrieb er noch einige Gedichte.

> In der dunklen Nacht –
> Wann wird die Dämmerung kommen,
> Um zu lächeln?
> In der dunklen Nacht –
> Wenn die Dämmerung zu lächeln beginnt,
> Wird eine Frau kommen
> Und meine stinkenden Kleider waschen.
> Hin und her gewälzt so viele Male,
> Meine Hemden und Hosen verschmutzt,
> In Schmerzen die ganze Nacht hindurch.

Sein Freund und Schüler Henchō und seine Freundin Teishin eilten an Ryōkans Krankenbett, um ihn zu pflegen. Er war beiden sehr dankbar, und besonders Teishins Anwesenheit erleichterte ihm die letzten Tage und Stunden. Ryōkan griff nochmals zum Pinsel und schrieb:

Vergiss es nicht
Das Gelübde vor dem Buddha am Geiergipfel[30]
Ganz gleich, wieviel Zeit vergehen mag.[31]

Zuletzt rezitierte Ryōkan mit schwacher Stimme noch ein Gedicht:

Ahornblätter vom Wind verweht,
Eben noch glänzend im Licht,
Gleich darauf im Dunkel.[32]

Ryōkan starb am 6. Januar 1831 und wurde zwei Tage später im Ryūsenji-Tempel in Shimazaki beerdigt. Zur Trauerfeier erschienen mehr als dreihundert Menschen, die sich Ryōkan freundschaftlich verbunden fühlten: Bauern, Fischer, Handwerker, Kaufleute, Ärzte, Gelehrte sowie Mönche und Nonnen aus siebzehn buddhistischen Tempeln.

Teishin veröffentlichte nur vier Jahre später, im Jahr 1835, eine erste Sammlung von Ryōkans japanischen Gedichten unter dem Titel *Hasu no Tsuyu* (Tautropfen auf einem Lotusblatt) – sie schrieb: »Ich konnte es nicht ertragen mitanzuschauen, wie diese Gedichte hier und da herumlagen wie tote, vermodernde Bäume in einem Tal –

---

[30] Der Mahāyāna-Überlieferung nach soll der Buddha einst auf dem Gridhrakūta, dem Geierberg in der Nähe der Stadt Rājagriha, das Lotos-Sutra gepredigt haben, worauf viele Lebewesen, von Einsicht und Mitgefühl bewegt, die Bodhisattva-Gelübde abgelegt haben sollen. Ebenfalls auf dem Geierberg fand, der Zen-Tradition zufolge, die Übermittlung des Dharma von Herz zu Herz vom Buddha zu Kāshyapa statt.

[31] Abé, Haskel (1996), S. 221.

[32] Yuasa (1981), S. 42.

also habe ich sie mühsam aus allen Ecken zusammengetragen und habe noch die Gedichte beigefügt, die der Meister und ich bei meinen Besuchen in seiner Hütte ausgetauscht hatten. Ich habe diese Sammlung als eine Erinnerung an den Meister stets bei mir. Jeden Morgen und jeden Abend lese ich darin und rufe mir die Ereignisse jener Tage wieder wach.«[33]

Teishin widmete ihr ganzes weiteres Leben, bis zu ihrem Tod im Jahr 1872, der Herausgabe von Ryōkans Werken und dem Andenken an Ryōkan. Aber auch andere Freunde von Ryōkan bemühten sich um sein Werk, so etwa Henchō, der eine Anthologie der chinesischen Gedichte zusammenstellte. Später wurden diese Arbeiten von zwei Lehrern aus Echigo, Nishigori Kyūgo (1866–1932) und Tamaki Reikichi (gest. 1922) fortgesetzt. Und schließlich führten die Bücher des Schriftstellers Sōma Gyofū (gest. 1950) dazu, dass Ryōkans Leben und Poesie in ganz Japan bekannt wurde, sodass Daisetz T. Suzuki schreiben konnte: »Wenn wir einen Ryōkan verstehen, dann verstehen wir Hunderttausende Ryōkans in japanischen Herzen.«[34]

Vielleicht mögen auch wir uns immer wieder einmal an Ryōkans Worte erinnern und unser Herz berühren lassen:

Gute Freunde und hervorragende Lehrer –
Bleib ihnen nah!
Reichtum und Macht sind vergängliche Träume,
Aber der Duft weiser Worte währt ewig.

---

[33] Abé, Haskel (1996), S. 217.
[34] Daisetz T. Suzuki, Zen and Japanese Culture, S. 364 – bzw. auf deutsch: Zen und die Kultur Japans, S. 191.

II.

Anekdoten über Meister Ryōkan

Die große Zuneigung der Menschen in Japan wurde und wird Ryōkan jedoch nicht in erster Linie wegen der Schönheit seiner Gedichte und Kalligrafien zuteil, sondern vor allem wegen seines natürlichen, aufrichtigen und mitfühlenden Wesens inmitten aller Situationen seines alltäglichen Lebens.

Die japanische Gesellschaft jener Zeit war ja noch sehr viel stärker als heute von Formalismen und Konventionen bestimmt. So erzeugte Ryōkans freundliche Offenheit und sein frei fließender Lebensstil einen starken Kontrast zu dem Leben der Menschen seiner Umgebung und waren immer wieder Anlass zu Erstaunen und Erheiterung. Vielleicht drückte sich in den liebevoll gesammelten Anekdoten der Zeitgenossen über humorvolle oder verrückte Begegnungen mit Ryōkan auch der verborgene Wunsch nach mehr Ehrlichkeit, Harmonie und Freiheit im eigenen Leben aus.

Die wichtigste Quelle aus erster Hand über Ryōkans Alltagsleben ist das *Ryōkan zenji kiwa* (Anekdoten über den Zen-Meister Ryōkan – siehe: Abé, Haskel (1996), S. 94ff.). Diese kleine Schrift wurde um 1845 oder 1846 von Kera Yoshishige (1810–1859) verfasst, dem Sohn von Ryōkans Freund und Unterstützer Kera Shukumon (1765–1819). Ryōkan war in der Kera-Familie häufig zu Gast, und der junge Yoshishige war von dem alten Meister Ryōkan tief beeindruckt und blieb lebenslang seinem Andenken innig verbunden.

Es folgt hier eine kleine Auswahl von Erinnerungen und Anekdoten aus Ryōkans Zeit als Einsiedler in der Gogō-an-Klause am Kugami-Berg, gesammelt von Freunden und Zeitgenossen.

Im Mittelpunkt von Ryōkans äußerem Leben stand der Almosengang. Er sagte: »Ein buddhistischer Mönch sollte so unaufdringlich um Almosen bitten, wie das Mondlicht, das friedvoll über ein Feld wandert« und zitierte gerne den Vers 49 des Dhammapada:

> Die Biene sammelt ihren Nektar,
> Doch ohne der Blüten Schönheit
> Oder ihren Duft zu stören,
> So wandere auch du als schweigender Weiser.[1]

Ryōkan behandelte beim Almosengang alle Menschen gleich und sparte auch die Armenviertel nicht aus, selbst wenn er dann einmal nicht genug für sich zum Essen erhielt. Und auch vor den Türen der Weinhändler, Fischhändler und

---

[1] Siehe z. B.: Schiekel, Dhammapada, Herder Verlag, Freiburg, 1998.

Bordelle, um die alle anderen buddhistischen Mönche einen großen Bogen machten, erklang seine kleine Bettelglocke. Einmal wanderte er zusammen mit einem jungen Mönch. In einem Teehaus erhielten sie Reis mit Fisch. Der junge Mönch ließ den Fisch unangetastet, aber Ryōkan aß seine Bettelschale ohne Zögern leer. Der junge Mönch sagte: »Der Reis enthielt Fisch.« Ryōkan antwortete lächelnd: »Ja, das war wirklich lecker.« An jenem Abend durften sie bei einem Bauern übernachten, und am folgenden Morgen klagte der junge Mönch: »Die Flöhe haben ja wie verrückt gestochen, ich war die ganze Nacht wach, wieso konntest du so tief schlafen?« Ryōkan antwortete gleichmütig: »Ich esse Fisch, wenn er mir angeboten wird, und ich lasse die Flöhe und Mücken sich auch an mir sättigen.«

Ryōkan bemühte sich immer, nie von irgend jemandem schlecht zu sprechen, aber einmal, als ein Dorfbürgermeister für sich selbst eine große, prunkvolle Residenz errichtete, hörte man von Ryōkan die Bemerkung: »Genau das ist gemeint, wenn man sagt, Gier führt zu Dummheit.«

Ein junger Arzt mit dem Namen Shōtei fragte Ryōkan: »Ich möchte reich sein. Wie kann ich zu mehr Geld kommen?« Ryōkan antwortete ihm: »Sei einfach ein guter Arzt, und sei nicht geizig.«

Einmal zur Zeit des Pflanzens der Reissetzlinge hielt sich Ryōkan im Haus der Kera-Familie auf. Nun gab es in der Gegend einen gewissen buddhistischen Priester namens Chikai, dessen extreme Arroganz schließlich zum Irrsinn geführt hatte. Er erklärte immer: »Ich werde meine eigene Schule des Buddhismus gründen, um alle fühlenden Wesen zu retten!« und verglich sich selbst mit den bedeutendsten Mönchen der Vergangenheit, wohingegen er seine Zeitgenossen herabsetzte und wie kleine Kinder behandelte. Da man Zen-Meister Ryōkan allgemein eine sehr viel größere Wertschätzung entgegenbrachte als ihm selbst, entwickelte Chikai eine große Eifersucht gegen Ryōkan. An diesem speziellen Tag nun war Chikai völlig betrunken und erklärte, dass er beim Bestellen der Reisfelder helfen werde. Nach einiger Zeit erschien er schlammbespritzt im Haus der Kera-Familie. Als er sah, dass Ryōkan anwesend war, explodierte plötzlich sein lange in sich hinein gefressener Ärger, und ohne ein Wort oder irgendeine Vorwarnung schlug er Ryōkan mit seinem durchnässten Gürtel mitten ins Gesicht. Dieser hatte keine Ahnung, was hier überhaupt vor sich ging und machte auch keine Anstalten zu entfliehen. Erschrocken hielten dann die anderen Anwesenden den Priester fest, zogen Ryōkan in einen anderen Raum und warfen den Priester aus dem Haus. In der Dämmerung begann ein schwerer Regen. Ryōkan kam aus dem Nebenraum und fragte beiläufig: »Hatte jener Mönch seinen Regenschutz dabei?« Mehr sagte er nicht zu dem Zwischenfall.

Als Ryōkan eine Nacht im Haus seines Freundes Yamada Tokō aus Yoita verbrachte, entdeckte er in dem ihm zugewiesenen Zimmer einen Wandschirm, der mit dem Bild eines Tigers dekoriert war. Ryōkan imitierte die Stellung des Tigers auf allen vieren und fauchte. Unbemerkt kam die Hausfrau herein und beobachtete ihn eine Zeitlang bei seinem Spiel. Als Ryōkan sie schließlich bemerkte, fragte er: »Weißt Du, was ich mache?« »Der Ehrwürdige imitiert den Tiger auf dem Bild«, antwortete sie. »Du bist aber klug!« rief der Meister überrascht aus. »Aber bitte erzähle es keinem Menschen, sonst wird man denken, ich sei verrückt, und ich möchte hier niemanden verärgern!«

Einmal nahm Ryōkan an einer formellen japanischen Teezeremonie teil. Dabei sitzen die Gäste in einer speziellen Teehütte in einer Reihe. Der Gastgeber bereitet eine Schale sehr starken grünen Tee zu, von dem dann alle Gäste nacheinander einen Schluck nehmen. Ryōkan leerte die ganze Tee-Schale, realisierte dann aber, dass neben ihm noch ein anderer Gast saß. So spuckte er den Tee wieder zurück in die Schale und bot ihn seinem Nachbarn an. Dieser betete um den Schutz des Buddha und trank den Tee.

Bei derselben Gelegenheit holte Ryōkan einen trockenen Nasenpopel aus seiner Nase und versuchte ihn unauffällig zu seiner Rechten abzulegen. Der Gast rechts zog empört seinen Ärmel zurück. So versuchte es Ryōkan zu seiner linken Seite; doch der Gast dort wich ebenfalls zurück. Als Ryōkan erkannte, dass er in der Klemme saß, steckte er den Popel einfach wieder in seine Nase zurück.

Ein ziemliches Problem für Ryōkan war seine Vergesslichkeit – wenn er irgendwo zu Besuch weilte, so vergaß er beim Weggehen dann meist irgendeinen seiner persönlichen Gegenstände. Jemand schlug ihm vor: »Mach dir doch eine Liste von allen Dingen, die du bei dir hast, und bevor du gehst, liest du dir diese Liste durch.« Ryōkan sagte: »Das ist eine gute Idee.« Danach schrieb er sich die folgende Liste:

»Kopfkissen, Handtuch, Taschentuch, Fächer, Münzen, Ball, Spielsteine, Strohhut, Gamaschen, Handschuhe, Armschützer, Stock, kurze Robe, Kleidung, Tungöl, Bettelschale und Tasche. Ich muss daran denken, dies durchzulesen, bevor ich gehe; wenn nicht, werde ich Schwierigkeiten bekommen!«

Die liebste Beschäftigung für Ryōkan aber war es, an den Spielen der Kinder teilzunehmen, mit ihnen Ball zu spielen oder mit Spielsteinen, mit ihnen Kinderlieder zu singen oder Frühlingsgemüse zu pflücken. Deshalb trug er auch immer einige Spielutensilien, wie etwa kleine Wollbälle, bei sich.

Einmal an einem Herbsttag hörte Ryōkan auf seiner Almosenrunde einen kleinen Jungen um Hilfe rufen. Der Junge hatte versucht, einen Kakibaum zu erklettern, saß aber jetzt auf einem der unteren Äste fest und kam weder vorwärts noch rückwärts von der Stelle. Ryōkan half dem Jungen vom Baum herunter und kletterte dann selbst hinauf, um die Kakifrüchte zu probieren. Bei jeder Kaki, die er aß, sagte Ryōkan: »Oh wie süß, oh wie süß.« Erst als der Junge unten rief: »Bitte, bitte, Ryōkan, gib mir auch eine Kaki«, kam Ryōkan wieder zu sich, entschuldigte sich bei dem Jungen und pflückte ihm die schönsten Früchte vom Baum.

Wenn Ryōkan mit den Kindern spielte, dann legte er sich manchmal am Straßenrand nieder und stellte sich tot. Die Kinder bedeckten seinen Körper mit Gras und Blättern und taten so, als ob sie seine Leiche verbrannten, wobei sie vor Freude lachten. Einmal entdeckten die Kinder, dass Ryōkan tatsächlich nicht mehr atmete und begannen zu weinen: »Diesmal ist Ryōkan wirklich tot.« Plötzlich sprang Ryōkan auf und alle waren wieder glücklich. Eines Tages kam ein schlaues Kind und drückte dem Meister, sobald der sich totstellte, mit seinen Fingern die Nasenlöcher zu – da wurde Ryōkan ganz schnell wieder lebendig.

Wenn Ryōkan an der Poststation von Jizōdō vorbeikam, rannten die dortigen Kinder auf ihn zu. Zunächst riefen sie: »Meister Ryōkan, ein Kan!« Ein Kan war eine Geldmünze im Wert von etwa 40 Gramm Silber – also sicherlich ein unerschwingliches Vermögen für den armen Ryōkan. Dieser schrak zusammen und bog sich zurück. Da riefen die Kinder: »Meister Ryōkan, zwei Kan!«, worauf der Meister sich noch weiter nach hinten bog. Die Kinder fuhren auf diese Weise fort, indem sie den Betrag von zwei Kan auf drei Kan usw. erhöhten, wobei der Meister sich immer weiter zurückbog, bis er beinahe sein Gleichgewicht verlor und hintüberfiel – worauf die Kinder in ein entzücktes, schallendes Gelächter ausbrachen. Einmal sagte Ryōkan zum Leiter der Poststation: »Die Kinder in deiner Stadt sind wirklich kleine Wilde. Kannst du das nicht abstellen, dass sie mir so zusetzen. Ich bin alt, und das fällt mir alles schrecklich schwer.« Jemand sagte zu Ryōkan: »Warum machst du denn mit diesem Spiel weiter? Warum hörst du nicht einfach auf?« Der Meister antwortete: »Ich kann nicht einfach mit etwas aufhören, was ich viele Jahre lang getan habe.«

Gerne spielte Ryōkan auch mit seinen Freunden Go. Dieses schwierige Spiel war im 5. Jahrhundert aus China nach Japan gekommen, und viele Japaner erfreuten sich daran. Gelegentlich spielte Ryōkan Go auch um Geld, und oft ließen ihn die Leute dann gewinnen oder aber verlangten von Ryōkan, wenn er verlor, eine seiner berühmten Kalligrafien. Ein Go-Wettkampf zwischen Ryōkan und seinem Freund Sekigawa Mansuke wurde uns überliefert:

An einem klaren Herbsttag pflückte Mansuke Persimonen im Garten hinter seinem Haus, und als er sich einmal umdrehte, sah er Ryōkan dastehen und träumerisch hinaufschauen. Als Mansuke vom Baum heruntergeklettert war, sagte Ryōkan: »Lass uns heute Go spielen.« Go war Mansukes liebster Zeitvertreib, und sofort brachte er sein Brett heraus. Er fragte: »Wenn du gewinnst –?« Ryōkan sagte: »Es wird kalt, du kannst mir eine gefütterte Robe geben.« »Und wenn ich gewinne?«, fragte Mansuke. »Ich habe nichts, was ich dir geben könnte«, gestand Ryōkan. »Warum machst du mir dann nicht einfach eine Kalligrafie?« schlug Mansuke vor und blickte auf das Papier, das er hoch auf seinem Tisch gestapelt hatte. »Nun gut«, sagte Ryōkan, der keine andere Wahl hatte. Sie begannen zu spielen, aber Mansuke war Ryōkan im Go überlegen und schlug ihn schnell. Er bestand darauf, dass Ryōkan gleich eine Kalligrafie anfertigte, und widerstrebend nahm Ryōkan einen Fächer vom Tisch, auf welchen er schrieb:

Persimonen pflückend
Spüren meine Hoden
Die Frische des Herbstwindes.

Mansuke las das Gedicht und lächelte bitter. Er gewann auch die nächste Runde, und Ryōkan schrieb nochmals das gleiche Gedicht auf. Nachdem sich das dreimal wiederholt hatte, konnte Mansuke es schließlich nicht länger ertragen. »Dreimal das gleiche Gedicht über Hoden, das ist echt zu viel!« protestierte er. »Na«, antwortete Ryōkan, »du hast doch auch dreimal das gleiche Go-Spiel gewonnen, oder? Also hab auch ich dreimal das gleiche Gedicht aufgeschrieben.«

Wenn irgend jemand Ryōkan um eine Kalligrafie bat, pflegte er meist zu antworten: »Nachdem ich geübt habe und gut darin bin, werde ich für dich etwas schreiben.« Zu anderen Zeiten warf er eine Kalligrafie nach der anderen auf die Blätter, wobei er die Gedichte nach seiner Erinnerung aufschrieb. Deshalb gab es auch manchmal fehlende Schriftzeichen oder kleinere Variationen in der Wortwahl. Die festen Kompositionsregeln für chinesische oder japanische Gedichte pflegte er anzuwenden oder zu ignorieren, wie es ihm gerade beliebte. Vom Stil her liebte er insbesondere die kursive ›Gras-Stil‹-Kalligrafie. Solange er in seiner Hütte am Kugami-Berg lebte, schien Ryōkan immer Vorräte an Pinseln, Tintensteinen und Papier zu haben, und Besucher sahen ihn auch auf Altpapier üben. Als er im Alter in das Haus der Kimura-Familie in Shimazaki umzog, besuchte er häufig die Häuser seiner Unterstützer und Freunde, um dort

Kalligrafien entwerfen zu können. Wenn ihm aber einmal das Arbeitsmaterial ausging, war er sehr unglücklich:

> Wie jämmerlich, weder Pinsel noch Tinte zu haben!
> Gestern ging ich zum Tempel
> Heute werde ich zum Doktor gehen.

Als Ryōkans Gedichte und Kalligrafien zunehmend Berühmtheit erlangten, wurde es für Menschen aller Volksschichten in der Provinz Echigo zu einem Volkssport, Ryōkan wieder und wieder mit der Bitte um ein Gedicht zu belästigen oder gar zu versuchen, auf trickreichen Wegen an eine seiner Kalligrafien zu gelangen. Eine recht bekannte der zahlreichen Anekdoten zu diesem Thema ist die folgende.

Einmal, nach der langen Abgeschiedenheit der Winterzeit, besuchte Ryōkan den Dorfbarbier, um sein langes, verfilztes Haar abschneiden zu lassen. Der Barbier rasierte ihm den Kopf auf der einen Seite und verlangte dann von Ryōkan, um die Arbeit zu vollenden, als Preis eine Kalligrafie. Ryōkan pinselte den Namen einer Shintō-Gottheit auf das Papier, da Kalligrafien dieser Art als Glücksbringer dienten. Der Barbier, der erfreut war, dass er den Mönch überlistet hatte, ließ die Kalligrafie aufziehen und hing sie in seiner Wandnische auf. Eines Tages bemerkte ein Besucher zum

Barbier: »Sie wissen schon, dass da im Namen der Gottheit ein Schriftzeichen fehlt«. Solch eine Auslassung macht nun die segenspendende Wirkung der Kalligrafie als Talisman zunichte, und so stellte der Barbier Ryōkan zur Rede. Ryōkan schimpfte ihn gutherzig wegen seines Geizes aus: »Du hast mich übers Ohr gehauen und so habe ich dich übers Ohr gehauen. Die freundliche alte Frau weiter unten in der Straße gibt mir immer ein extra Stück Bohnenkuchen, daher hat auch die Kalligrafie, die ich ihr gab, ein extra Schriftzeichen.«

Ein Freund von Ryōkan bat einmal um eine Kalligrafie, die ihm und seiner Familie Glück und Wohlstand bringen sollte. Ryōkan malte nur ein einziges großes chinesisches Schriftzeichen auf das Papier, das Zeichen ›si‹ (jap. ›shi‹). »Was bedeutet das?«, fragte der Freund. Ryōkan antwortete: »Tod. Wenn den Menschen der Tod bewusst ist, dann vergeuden sie nicht mehr ihre Zeit und ihr Geld.«

Beim Feuerholz in der Küche der befreundeten Kera-Familie fand Ryōkan einen schönen Deckel aus Zedernholz, der früher zum großen Reistopf des Hauses gehört hatte und jetzt wegen eines tiefen Risses weggeworfen worden war. Da Ryōkan immer sehr bekümmert war, wenn Dinge oder Lebewesen achtlos und ohne Respekt behandelt wurden, kam er auf den Einfall, diesen hölzernen Deckel mit einer schönen Kalligrafie zu verzieren, und zwar mit den drei Schriftzeichen Herz – Mond – Harmonie. Natürlich war der Holzdeckel der Kera-Familie nun viel zu wertvoll, um verfeuert zu werden – so ließ man den Deckel also aufwendig reparieren und Ryōkans Kalligrafie sorgfältig in das Zedernholz eingravieren. Auf diese Weise lebt der Deckel heute noch.

Einmal hörte Ryōkan, wie die Leute sagten: »Es ist solch eine Freude, Geld zu finden!« Er verstand nicht so recht, wie das gemeint war und beschloss, das selbst einmal auszuprobieren. Also warf er einige seiner eigenen Münzen auf die Erde und versuchte sie wieder aufzuheben. Aber das verursachte ihm überhaupt kein Vergnügen. »Die Leute haben nur versucht mich reinzulegen«, dachte er. Nachdem er seine Münzen noch mehrmals auf diese Weise fortgeworfen hatte, vergaß er schließlich, wo genau er sie hingeworfen hatte. So suchte er und suchte, und als er endlich alle Münzen wieder gefunden hatte, war er glücklich. »Die Leute haben mich doch nicht betrogen!« rief er aus.

Im örtlichen Dialekt nannten die Leute das Reifen der Reispflanzen ›bonaru‹. Irgend jemand sagte zu Ryōkan: »Das Wort ›bonaru‹ bedeutet ja eigentlich brüllen.« Daraufhin verbrachte Ryōkan eine ganze Nacht damit, durch die Felder zu wandern, um das Brüllen des Reises zu hören.

Als Ryōkan in seiner Hütte am Kugami-Berg lebte, wuchsen einmal Bambusschößlinge in seinem Vorhaus. Mit Hilfe einer Kerze versuchte er, Löcher ins Dach zu brennen, sodass der Bambus weiterwachsen könnte, aber das Ergebnis war nur, dass er das ganze Vorhaus niederbrannte.

In einer Vollmondnacht drang ein Dieb in Ryōkans unverschlossene Hütte am Kugami-Berg ein. Da er nichts zu stehlen fand, zog er an der Schlafmatte des Meisters und versuchte, diese zu entwenden, ohne ihn zu wecken. Ryōkan stellte sich schlafend und rollte zur Seite, um so dem Dieb zu ermöglichen, die Matte unter ihm wegzuziehen und fortzutragen.

Einmal wurde Ryōkan von einem Verwandten gebeten, mit dessen straffällig gewordenem Sohn zu sprechen. Ryōkan kam und besuchte die Familie, aber sprach kein Wort der Ermahnung zu dem Jungen. Er blieb über Nacht und machte sich am nächsten Morgen fertig zum Aufbruch. Als der eigenwillige Junge beim Binden von Ryōkans Strohsandalen half, fühlte er einen warmen Wassertropfen auf seiner Schulter. Wie er hochblickte, sah er Ryōkan mit Tränen in den Augen auf ihn schauen. Schweigend ging Ryōkan davon, doch bald darauf besserte sich der Junge.

Der Zen-Mönch Ugan, ein enger Freund von Ryōkan, schrieb: »Wenn Ryōkan kommt, so ist es, als sei der Frühling an einem dunklen Wintertag gekommen. Sein Wesen ist rein, und er ist ohne jede Verstellung und Falschheit. So ähnelt Ryōkan den ›Unsterblichen‹ der alten Zeiten aus Dichtung und Religion. Er strahlt Wärme und Mitgefühl aus. Er wird nie ärgerlich und überhört die Kritik der anderen. Die bloße Begegnung mit ihm weckt das Gute in den Menschen.«

III.

Tautropfen auf einem Lotusblatt

Wer sagt, meine Gedichte seien Gedichte?
Meine Gedichte sind keine Gedichte.
Wenn du verstanden hast,
Dass meine Gedichte keine Gedichte sind,
Dann können wir beginnen, über Dichtung zu reden!

Wie schade ist das doch:
da schreibt ein Herr Gedichte
in vornehmer Zurückgezogenheit,
Wählt für seine Arbeit
die klassische chinesische Versform,
Und die Gedichte sind elegant,
voll schöner Wendungen.
Doch wenn du nicht von Dingen
tief in deinem eigenen Herzen schreibst,
Was ist denn da der Sinn,
so viele Worte zu machen.

Als ich jung war und ein lebenslustiger Bursche,
Habe ich mich in der Stadt herumgetrieben,
Stolz trug ich eine Jacke aus weichster Daune
Und ritt ein prächtiges, kastanienbraunes Pferd.
Tagsüber galoppierte ich durch die Stadt,
Und abends betrank ich mich
unter Pflaumenblüten am Fluss.
Nie habe ich ans Heimkehren gedacht
Und endete dann gewöhnlich im Freudenhaus,
mit einem großen Lächeln im Gesicht.

Ich denke zurück,
erinnere mich meiner Tage in Entsū-ji
Und des einsamen Kampfes, den Weg zu finden.
Beim Feuerholztragen dachte ich an den Laien Hō[1],

---

[1] Der Laie P'ang (jap. Hō) war ein chinesischer Zen-Meister in der T'ang-Zeit. Einer seiner berühmten Aussprüche war: »Übernatürliche Kraft, wundersame Aktivität: Wasser holen, Holz hacken.«

Und beim Reispolieren
kam mir der Sechste Patriarch[2] in den Sinn.
Stets war ich der erste in der Reihe,
des Meisters Belehrung zu empfangen,
Und nie versäumte ich eine Stunde der Meditation.
Dreißig Jahre sind verflossen,
Seit ich die grünen Hügel und das blaue Meer
jenes lieblichen Platzes verlassen habe.
Was ist aus all meinen Mitschülern geworden?
Und wie könnte ich die Güte
meines geliebten Lehrers vergessen?
Unaufhörlich fließen die Tränen,
vermischen sich mit dem wirbelnden Gebirgsbach.

Ich kehre zurück in mein Heimatdorf,
nach vielen Jahren der Abwesenheit:
Krank steige ich in einer Herberge ab,
lausche dem Regen.
Eine Robe, eine Bettelschale,
das ist alles, was ich habe.
Ich zünde ein Räucherstäbchen an,
bemühe mich, in Meditation zu sitzen.

---

[2] Der Sechste Patriarch des Ch'an (jap. Zen) war der chinesische Meister Hui-neng (jap. Enō, 638–717), der einst als Reispolierer im Kloster seines Meisters gearbeitet hatte.

Vor dem dunklen Fenster,
die ganze Nacht hindurch ein steter Nieselregen –
Drinnen, wehmütige Erinnerungen
an diese langen Jahre der Pilgerschaft.

FÜR MEINEN LEHRER

Ein altes Grab, versteckt am Fuß eines verlassenen Hügels,
Überwuchert von dichtem Unkraut,
    das Jahr um Jahr ungehindert wächst;
Es ist niemand mehr da, um das Grab zu pflegen,
Und nur gelegentlich kommt ein Holzfäller vorbei.
Einst war ich sein Schüler, ein Junge mit zottig langem
    Haar,
Ich habe so viel von ihm gelernt, drunten am Schmalen Fluss.

Eines Morgens brach ich auf zu meiner einsamen Reise,
Und die Jahre vergingen zwischen uns in Schweigen.
Nun bin ich zurückgekehrt und finde ihn hier ruhen.
Wie kann ich ihn ehren, seinen dahingegangenen Geist?
Ich gieße einen Schöpflöffel reinen Wassers über seinen
    Grabstein
Und bringe ein stilles Gebet dar.
Plötzlich verschwindet die Sonne hinter dem Hügel,
Und ich bin eingehüllt vom Tosen des Windes in den
    Kiefern.
Ich versuche mich fortzuziehen, aber ich kann es nicht;
Eine Flut von Tränen nässt meine Ärmel.

In der Jugend habe ich meine Studien
zur Seite getan
Und danach gestrebt,
ein Heiliger zu werden.
Voll Entsagung
habe ich als Bettelmönch gelebt.
Viele Jahre lang bin ich mit dem Frühling
hierhin gewandert und dorthin.

Endlich bin ich heimgekehrt
Und habe mich unter einer zerklüfteten
Bergspitze niedergelassen.
Friedvoll lebe ich in einer Grashütte,
Lausche der Musik der Vögel.
Die Wolken sind meine liebsten Nachbarn.
Unterhalb liegt eine reine Quelle,
an der ich Körper und Geist erfrische;
Oberhalb ragen Kiefern und Eichen hoch empor,
geben Schatten und Feuerholz.
Frei, so frei, Tag um Tag –
Nie möchte ich hier weggehen.

Wenn jemand
Nach meinem Wohnsitz fragt,
Antworte ich:
»Am östlichen Rand
Der Milchstraße«.

Gleich einer ziehenden Wolke,
Durch nichts gebunden:
Ich lasse einfach los,
Gebe mich
In die Launen des Windes.

Zerrissen und zerlumpt,
Zerrissen und zerlumpt,
Zerrissen und zerlumpt ist dieses Leben.
Nahrung? Ich erbettle sie am Straßenrand.
Die Sträucher und Büsche
Haben lange schon meine Hütte überwuchert.
Oft sitzen der Mond und ich
Die ganze Nacht beisammen.
Und inmitten der Waldblumen
Habe ich mich mehr als einmal verloren
Und vergessen heimzukehren.
Es ist kein Wunder, dass ich schließlich
Das Gemeinschaftsleben verließ:
Wie könnte ein so verrückter Mönch
In einem Kloster leben?

ZWEI GEDICHTE FÜR MEINEN FREUND BŌSAI[3]

Ja, ich bin wirklich ein Dummkopf,
Lebe inmitten von Bäumen und Pflanzen.
Bitte frage mich nicht
    nach Illusion und Erleuchtung –
Dieser alte Mann lächelt einfach gerne
    sich selber zu.
Ich wate mit nackten Füßen durch die Flüsse,
Und bei schönem Frühlingswetter
    trage ich einen Rucksack mit mir herum.
Das ist mein Leben,
Und die Welt schuldet mir nichts.

Die grelle Schönheit dieser Welt
    zieht mich nicht an –
Meine engsten Freunde sind Berge und Flüsse,
Wenn ich herumwandere,
    verschlucken Wolken meinen Schatten,
Wenn ich auf einem Felsen sitze,
    steigen über mir die Vögel empor.
In meinen beschneiten Strohsandalen
    besuche ich kalte Dörfer.

---

[3] Kameda Bōsai (1752–1826), ein berühmter Gelehrter, Künstler und Dichter der Edō-Periode, besuchte Ryōkan in Echigō.

Geh in das Leben hinein,
   so tief du kannst,
Dann wirst du fähig,
   selbst die Blüten sein zu lassen.

Ein einziger Pfad zwischen zehntausend Bäumen,
Ein nebelverhülltes Tal zwischen zehntausend Gipfeln.
Noch nicht Herbst, doch die Blätter fallen schon;
Nicht viel Regen, doch die Felsen dunkeln noch.
Mit meinem Korb suche ich nach Pilzen;
Mit meinem Eimer schöpfe ich reines Quellwasser.
Solange du dich nicht freigemacht hast
   von jeglicher Absicht,
Solange wirst du niemals dorthin gelangen.

Ich steige hinauf zur Halle des Großen Mitgefühls
Und schaue auf die Wolken und den Dunst.
Uralte Bäume recken sich zum Himmel,
Ein frischer Windhauch flüstert
von zehntausend Generationen.
Vor mir, die Drachenkönig-Quelle –
So rein, dass du direkt in ihren Ursprung schauen kannst.
Ich rufe den Vorübergehenden zu:
»Komm und sieh dich selbst, im Spiegel des Wassers.«

In der Stille am offenen Fenster
Sitze ich in formeller Meditation,
Trage mein Mönchsobergewand.
Nabel und Nase in einer Linie,
Ohren parallel zu den Schultern.
Mondlicht durchflutet den Raum;
Der Regen hat aufgehört,
Aber vom Dachvorsprung tropft es und tropft.
Vollkommen dieser Augenblick –
In der unermesslichen Leere
vertieft sich mein Verstehen.

Des Nachts, tief in den Bergen,
Sitze ich in Meditation.
Die Angelegenheiten der Menschen
gelangen nie hierhin:
Alles ist still und leer.
Der Duft der Räucherstäbchen,
verschluckt von der endlosen Nacht.
Meine Robe,
ganz durchfeuchtet von Tau.
Ich kann nicht schlafen,
gehe hinaus in den Wald –
Plötzlich,
über der höchsten Bergspitze,
Erscheint der volle Mond.

In meiner Einsiedelei
Eine Ausgabe der *Gedichte vom Kalten Berg*[4] –
Das ist besser als jedes Sutra.
Ich kopiere die Verse,
Hänge sie an den Wänden rundum auf,
Erfreue mich an jedem einzelnen Vers,
    wieder und wieder.

---

[4] Siehe: S. Schuhmacher, Han-Shan – 150 Gedichte vom Kalten Berg.

Wenn alle Gedanken
Erschöpft sind,
Gehe ich in den Wald
Und sammle
Eine Handvoll Hirtentäschelkraut.

Wie ein kleines Bächlein
Durch bemooste Felsspalten
Seinen Weg findet,
So, auf eine stille Weise,
Werde auch ich klar
und durchscheinend.

ORCHIDEE

Tief im Talgrund
versteckt sich eine Schönheit:
Heiter, einzigartig,
liebreich ohnegleichen,
Im stillen Schatten
des Bambusdickichts
Scheint sie sanft
nach dem Geliebten zu seufzen.

DER LOTUS

Zuerst erblüht im Westlichen Paradies[5],
Hat uns der Lotus seit jeher entzückt.
Seine weißen Blüten sind bedeckt mit Tau,
Seine jadegrünen Blätter dehnen sich über den Teich,
Und der Wind ist erfüllt von seinem reinen Duft.
Kühl und majestätisch
Erhebt er sich aus dem trüben Wasser.
Die Sonne versinkt hinter den Bergen,
Doch ich bleibe noch im Dunkel hier,
Viel zu verzaubert, um schon zu gehen.

---

[5] Das ›Westliche Paradies‹ Sukhāvatī ist das ›Reine Land‹ des Buddha Amithābha (jap. Amida) – dies ist jedoch nicht als ein geografischer Ort vorzustellen, sondern als ein Bewusstseinszustand. Die Meditation über Amithābha steht für viele ostasiatische Buddhisten im Mittelpunkt ihrer religiösen Praxis, da nach den Lehren des Mahāyāna-Buddhismus Amithābha 48 Gelübde abgelegt hat, um leidenden Wesen in dieser Welt zu helfen. In Darstellungen sitzt Amithābha meist inmitten einer Lotusblüte, dem Symbol der Reinheit.

BAMBUS

Der dichte Bambushain bei meiner Hütte
Schenkt mir Schönheit und Kühle.
Junge Triebe schießen und versperren den Weg,
Während altes Rohr sich in den Himmel reckt.
Frostige Jahre geben dem Bambus Innerlichkeit;
Eingehüllt in Nebel ist er überaus geheimnisvoll.
Bambus ist so kräftig wie Kiefer und Eiche
Und zarter als Pfirsich- oder Pflaumenblüten.
Er wächst gerade und hoch,
Innen hohl, doch mit fester Wurzel.
Ich liebe die Reinheit und Ehrlichkeit meines Bambus
Und wünsche ihm, dass er hier immer gut gedeiht!

Wilde Pfingstrosen,
Jetzt auf dem Höhepunkt
Ihrer herrlichen vollen Blüte:
Zu kostbar, sie zu pflücken,
Zu kostbar, sie nicht zu pflücken.

Oh du einsame Kiefer!
Gern gebe ich dir
Meinen Strohhut
Und Strohmantel,
Um den Regen abzuwehren.

In meinem Garten
Habe ich Buschklee gezogen,
Suzukigras[6],
Veilchen, Löwenzahn,
Blühende Seidensträucher,
Bananenpflanzen, Winden,
Wasserdost, Astern,
Dreimasterblumen[7], Taglilien:
Morgens und abends
Habe ich liebevoll für sie alle gesorgt,
Habe sie gegossen, gepflegt,
Vor der Sonne geschützt.
Jeder hat meine Pflanzen gelobt.
Aber am 25. Mai,
Bei Sonnenuntergang,
Kam schrecklich heulend

---

[6] Poaceae eulalia.
[7] Tradescantia.

Ein tobender Wind,
Schlug und riss meine Pflanzen;
Regen schüttete hernieder,
Hämmerte die Reben und Blumen
In die Erde.
Das war so schmerzhaft,
Aber als das Werk des Windes
Muss ich es sein lassen ...

Um meine Hütte herum
Habe ich Pflanzen und Blumen gezogen,
Jetzt ergebe ich mich
Dem Willen des Windes.

Absichtslos[8] laden die Blüten den Schmetterling ein;
Absichtslos besucht der Schmetterling die Blüten.
Die Blume öffnet sich, der Schmetterling kommt;
Der Schmetterling kommt, die Blume öffnet sich.
Ich verstehe andere nicht,
Die anderen verstehen mich nicht.
Nicht-verstehend[9] folgen wir natürlich dem Weg.

In meiner Einsiedelei sind eine Katze und eine Maus zu Hause;
Beide sind kuschelige Tiere.
Die Katze ist fett
    und schläft am hellen Tag;
Die Maus ist dünn
    und huscht im Dunkeln herum.
Die Katze ist mit Begabung gesegnet
Und fähig, sich für ihre Mahlzeit
    flink lebende Wesen zu fangen.
Die Maus ist gestraft und eben nur fähig,
    sich Krümel und Bröckchen zu erschleichen.

---

[8] J. Stevens übersetzt hier mushin ins Englische mit ›no-mind‹, d. h. mit ›Nicht-Geist‹ (mit ›leerem Herz und Geist‹).

[9] Der Weg des Buddha, Frieden im Herzen zu finden, ist vornehmlich kein Weg des intellektuellen Verstehens, sondern ein Weg, der durch Übung in Ethik und Meditation zu Nirvāna führt, der über alle Worte hinausgehenden Erleuchtung.

Eine Maus kann Behälter beschädigen,
   das ist wahr,
Aber Behälter können ersetzt werden,
Lebende Wesen nicht.
Wenn du mich fragst,
   welches Wesen mehr Übeltaten begeht,
So sage ich: die Katze!

Mein Tagewerk: mit den Dorfkindern spielen.
Immer habe ich ein paar Stoffbälle dabei,
   in meinen Ärmeltaschen:
Zu viel anderem bin ich nicht nütze,
Doch ich weiß mich zu erfreuen
   am stillen Frieden des Frühlings.

Dieser Stoffball in meiner Ärmeltasche
ist wertvoller als tausend Goldstücke;
Ich bin nämlich sehr geschickt im Ballspielen.
Wenn jemand mein Geheimnis erfahren möchte,
   hier ist es:
»Eins, zwei, drei, vier, fünf, sechs, sieben!«[10]

---

[10] Dies kann als eine zweifache Anspielung verstanden werden: Buddhistische Meditierende zählen zu Beginn einer Meditationssitzung oft ihre Atemzüge, bis Körper und Geist sich beruhigt haben. – Die meisten japanischen Gedichte haben abwechselnd Zeilen mit je 5 oder 7 Schriftzeichen.

Was ist mein Leben?
Ich wandere herum,
Vertraue mich dem Schicksal an.
Manchmal Lachen, manchmal Tränen.
Weder ein Laie noch ein Mönch.
Frühlingsbeginn,
 ein leichter Nieselregen fällt ohne Ende,
Aber schon haben die Pflaumenblüten begonnen,
 die Dinge aufzuheitern.
Den ganzen Morgen sitze ich am Herd,
Niemand ist da zum Reden.
Ich suche mein Papier
Und schreibe mit dem Pinsel einige Gedichte.

EIN BESUCH IN HERRN FUJIS VILLA

Die Villa liegt einige Meilen außerhalb der Stadt,
Und gemeinsam mit einem Waldarbeiter
Wandere ich dorthin,
Auf einem gewundenem Pfad,
Der sich durch Reihen grüner Kiefern schlängelt.
Rundum im Tal
Die süß duftenden Blüten wilder Pflaumenbäume.

Bei jedem Besuch entdecke ich etwas Neues,
Und ich fühle mich dort wirklich wohl.
Die Fische in seinem Teich sind groß wie Drachen,
Und der Wald ringsum ist den ganzen Tag lang still.

Das Innere seines Hauses ist voller Schätze:
Überall liegen Bücher herum!
Inspiriert lockere ich meine Robe,
Blättere durch die Bücher
Und verfasse dann meine eigenen Verse.

In der Dämmerung wandere ich
durch den östlichen Hohlweg zurück,
Wo mich dann ein kleiner Schwarm
    Frühlingsvögel wieder empfängt.

SOMMER-NACHT

Die Nacht rückt auf den Morgen vor,
Tau tropft vom Bambus auf die Reisigpforte.
Mein Nachbar im Westen hat aufgehört,
    in seinem Mörser zu stampfen;
Der kleine Garten meiner Einsiedelei wird feucht.
Frösche quaken nah und fern,
Leuchtkäfer fliegen hoch und tief.
Hellwach,
    heute Nacht ist mir Schlaf nicht möglich,
Ich streiche mein Kissen glatt
    und lasse die Gedanken treiben.

In der Abenddämmerung
Steige ich oft
Auf den Kugami-Gipfel.
Hirsche röhren,
Ihre Stimmen
Werden verschluckt
Von Stößen von Ahornblättern,
Die völlig unberührt
Am Fuße des Berges liegen.

BESUCH DES WOLKEN-GIPFELS
MIT DEM ZEN-PRIESTER TENGE IM HERBST

Das Leben der Menschen in dieser Welt:
Treibender Tang[11] im Wasser.
Wer kann sich je sicher fühlen?
Das ist der Grund,
Weshalb ich den Mönchsstab aufgenommen habe,
Die Eltern verlassen
Und meinen Freunden Lebewohl gesagt.
Eine einzige Flickenrobe
Und eine Bettelschale
Haben mich in all diesen Jahren erhalten.
Ich mag diese kleine Hütte
Und verbringe hier oft meine Zeit –
Wir beide sind von verwandtem Geist

---

[11] Entenlinse, Wasserlinse = lemnaceae lemna.

Und kümmern uns nicht darum,
    wer Gast oder Gastgeber ist.
Der Wind bläst durch die hohen Kiefern,
Reif überzieht die wenigen letzten Chrysanthemen.
Arm in Arm stehen wir über den Wolken,
Einsgeworden, und schweifen in die Ferne.

HERBSTMOND

Der Mond erscheint zu jeder Jahreszeit,
Das ist wohl wahr,
Doch gewiss am schönsten im Herbst.
Dann rücken die Berge näher,
Und das Wasser fließt klar.
Wie eine leuchtende Scheibe
Schwimmt er durch den unbegrenzten
    Himmel,
Und da ist kein Empfinden mehr
    von Licht und Dunkel,
Da alles von seiner Gegenwart durchdrungen ist.
Der grenzenlose Himmel über mir,
Die Kühle des Herbstes auf meinem Gesicht.
Ich nehme meinen guten Stab
    und wandere auf die Hügel.
Nirgendwo ein Hauch vom Staub der
    Welt,
Nur des Mondlichts glänzende Strahlen.
Ich hoffe, dass heute nacht
    auch andere diesen Mond betrachten

Und dass er alle Wesen erleuchtet.
Herbst um Herbst kommt das Mondlicht
    und geht wieder;
Und immer werden Menschen es betrachten.
Die Reden des Buddha, die Belehrungen von Enō[12],
Sie geschahen unter dem gleichen Mond.

Die ganze Nacht hindurch
betrachte ich den Mond,
Während der Fluss ruhiger wird
    und der weiße Tau fällt.
Welcher Wanderer wird wohl
    am längsten im Mondlicht baden?
Wessen Heim wird wohl
    die meisten Mondesstrahlen trinken?

---

[12] Der Sechste Patriarch des Ch'an (jap. Zen) war der chinesische Meister Hui-neng (jap. Enō, 638–717).

Eingeschlossen in den einsamen Bergen
Schaue ich traurig
    in den draußen treibenden Schneeregen.
Der Schrei eines Affen
    hallt von den dunklen Bergen wider,
Ein kalter Fluss
    murmelt unten im Tal,
Die Lampe am Fenster
    scheint eingefroren.
Auch mein Tintenstein
    ist eiskalt.
Kein Schlaf heute nacht,
    ich werde Gedichte schreiben
Und wärme den Pinsel
    mit meinem Atem.

In einer bitterkalten Novembernacht
Fällt der Schnee dicht und schnell –
Zunächst wie harte Salzkörner,
Später wie weiche Weidenknospen.
Die Flocken setzen sich leise auf den Bambus
Und türmen sich hübsch auf den Kieferzweigen.
Anstatt mich alten Texten zuzuwenden,
Fühle ich mich von der Dunkelheit hingezogen,
Meine eigenen Verse zu verfassen.

Diese Welt:
Ein verhallendes
Bergecho,
Leer,
Unwirklich.
In einem leichten Schneefall
Dreitausend Welten;
In diesen Welten
Ein leichter Schneefall.
Wie der Schnee
Meine Hütte verschlingt
In der Abenddämmerung,
Da wird auch mein Herz
Völlig leer.

Vermischt mit dem Wind
Fällt der Schnee;
Vermischt mit dem Schnee
Bläst der Wind.
Am Herd
Strecke ich meine Füße aus,
Verbummle meine Zeit,
Eingeschlossen in dieser Hütte.
Ich zähle die Tage
Und finde, selbst der Februar
Ist gekommen und gegangen
Wie ein Traum.

Ein östlicher Wind brachte den benötigten Regen,
Die ganze Nacht
   floss er in Strömen über das Strohdach,
Während dieser Einsiedler
   friedlich schlummerte,
Ungestört vom Aufruhr
   der fließenden Welt.

Grüne Berge baden im Sonnenaufgang,
Frühlingsvögel zwitschern in den Zweigen.
Ziellos spaziere ich durch die Pforte hinaus –
Bächlein fließen zu fernen Dörfern,
Liebliche Blumen schmücken die Berghänge.

Ich sehe einen alten Bauern,
   der einen Ochsen führt,
Und einen Jungen,
   der eine Hacke trägt.
Menschliche Wesen
   müssen zu allen Jahreszeiten arbeiten,
Von Sonnenaufgang bis -untergang.
Ich lebe hier in der Nähe meines Geburtsortes
Und bin der einzige, der nichts zu tun hat.

HAIKU

Ich muss heute dorthin gehen –
Morgen schon werden sie sich verstreuen,
Die Pflaumenblüten.

Das Lied der Nachtigall
Weckt mich aus einem Traum:
Der Morgen erstrahlt.

Ein einziger Wunsch:
Eine Nacht
Unter den Kirschblüten zu schlafen.

Das Bergdorf:
Ganz verschluckt
Vom Chor der quakenden Frösche.

Erster Nieselregen im Herbst:
Wie wunderbar,
Der namenlose Berg.

Vom Dieb zurückgelassen –
Der Mond
Im Fenster.

Vor meiner geschlossenen Tür,
Abgefallene Kiefernadeln:
Wie einsam ich mich fühle ...

Sie rufen mich an,
Da sie heimkehren:
Wildgänse in der Nacht.

Dieser mein alter Körper:
Ein Bambus,
Begraben unter kaltem Schnee.

BUDDHISTISCHER BETTELGANG

Früh am ersten Augusttag
Nehme ich meine Bettelschale
   und breche auf in die Stadt.
Silberne Wolken begleiten meine Schritte,
Ein goldener Windhauch
   streichelt die Glocke an meinem Stab.
Zehntausend Türen und tausend Tore
   stehen offen für mich.
Ich weide meine Augen an kühlen Bambushainen
   und Bananenbäumen.
Ich bettle hier und dort, im Osten und im Westen,
Und mache auch halt an Sakeläden
   und Fischgeschäften.
Ein reiner Blick
   kann ein Gebirge aus Schwertern entwaffnen,

Ein beständig ruhiger Schritt
   kann über die Feuer der Hölle gleiten.
Dies war die Botschaft, die der Prinz der Bettler
Seine engen Schüler
   vor über siebenundzwanzig Jahrhunderten[13] lehrte,
Und ich handle noch als einer von Buddhas Nachfolgern.
Ein weiser alter Mann hat einmal gesagt:
»Alle Nahrung ist gleich im Buddha-Dharma.«[14]
Bitte halte diese Worte im Geist,
Ganz gleich, wie viele Äonen vergehen mögen.

In meiner kleinen Bettelschale,
Veilchen und Löwenzahn
Miteinander
Als eine Gabe
An die Buddhas der Drei Welten[15].

Wie ich Veilchen pflücke
Am Straßenrand,
Da lasse ich geistesabwesend
Meine kleine Schale zurück –
Oh, arme kleine Bettelschale!

---

[13] Heutige Historiker datieren Buddhas Lebenszeit auf: 563–483 v.u.Z.
[14] Buddha-Dharma: die Lehre des Buddha.
[15] Die Drei Welten: Sinnenwelt, Feinkörperliche Welt, Unkörperliche Welt.

Wieder habe ich sie vergessen,
Meine kleine Bettelschale –
Keiner wird dich nehmen,
Ganz sicher wird dich keiner nehmen:
Meine traurige, kleine Bettelschale!

Frühlingsregen,
Sommerschauer,
Ein trockener Herbst:
Möge die Natur uns lächeln
Und wir alle Anteil an der Fülle haben.

Bitte verwechsle mich nicht
Mit einem Vogel,
Wenn ich in deinen Garten stürze,
Um Kirsch-Äpfel[16] zu essen.

Ich ging hin,
Um Reis zu erbetteln,
Aber der blühende Buschklee
Zwischen den Steinen
Ließ mich den Grund vergessen.

---

[16] Malus prunifolia.

Entlang der Hecke
noch einige goldene Chrysanthemen,
Winterliche Krähen
   steigen auf über den Wäldern.
Tausende Gipfel
   glühen herrlich im Sonnenuntergang,
Und dieser Mönch
   kehrt zurück mit einer vollen Bettelschale.

Kein Glück heute auf meiner Bettelrunde;
Von Dorf zu Dorf habe ich mich geschleppt.
Bei Sonnenuntergang bin ich inmitten der Berge
Und noch viele Meilen entfernt von meiner Hütte.
Der Wind zerrt an meinem schwachen Körper,
Und meine kleine Bettelschale sieht so verloren aus –
Und doch ist dies mein erwählter Pfad,
Der mich durch Enttäuschung und Schmerz,
Durch Kälte und Hunger hindurchführt.

Nachdem ich in den Bergen
Feuerholz gesammelt hatte,
Kehrte ich zu meiner Hütte zurück
Und fand unter meinem Fenster,
Von einem Besucher zurückgelassen,
Eingelegte Pflaumen und Kartoffeln.
Die Pflaumen eingewickelt in Papier,
Die Kartoffeln in grünem Gras,
Auf einem Stückchen Papier
Der Name des Spenders.
Tief in den Bergen ist das Essen eintönig –
Meist nur Rüben und Grüngemüse –
Also habe ich Sojapaste und Salz genommen
Und schnell ein Festmahl gekocht.
Meinen für gewöhnlich leeren Magen
Habe ich mit drei großen Schüsseln gefüllt.
Hätte mein Dichter-Freund noch Reiswein gebracht,
So wäre es ein wirkliches Bankett gewesen.
Etwa ein Fünftel der Gaben habe ich genossen
Und den Rest eingelagert.
Dann habe ich meinen vollen Bauch gestreichelt
Und bin zu meiner Arbeit zurückgekehrt.
In sechs Tagen ist Buddhas Erleuchtungstag[17],
Und ich wusste nichts zu opfern,
Aber jetzt bin ich reich geworden –
Buddha wird festlich bewirtet werden
Mit Pflaumen und köstlichem Kartoffelbrei.

---

[17] Das Vesak-Fest wird am Vollmondtag im Mai begangen.

EINE GABE VON SIEBEN GRANATÄPFELN

Aufteilen,
Auswählen,
Aufbrechen,
Essen, essen, essen –
Nicht aus dem Mund lassen!

ZWEI GEDICHT-BRIEFE

Das Wetter ist gut,
Und ich habe viele Besucher,
Aber wenig zu essen.
Hast du eingemachte Pflaumen übrig?

Es ist kühl geworden
Und der Leuchtkäfer[18]
Glüht nicht mehr:
Ob ein freundliches Wesen
Mir etwas Goldenes Wasser[19] schickt?

---

[18] ›Leuchtkäfer‹ war einer von Ryōkans Spitznamen.
[19] ›Goldenes Wasser‹ ist Reiswein.

MEINE ANGESCHLAGENE HÖLZERNE SCHALE

Diesen Schatz entdeckte ich in einem Bambusdickicht –
Ich wusch die Schale in einer Quelle
   und besserte sie dann aus.
Nach der Morgenmeditation
   gebe ich meinen Haferbrei hinein;
Am Abend die Suppe
   oder den Reis.
Angeschlagen, abgenutzt,
   verwittert und ungestalt,
Aber doch von edler Abkunft.

MEINE NEUE VASE

Von jetzt an
Wird dich nicht einmal
Die kleinste Staubflocke
Belästigen;
Tag und Nacht in meiner Fürsorge
Wirst du nie mehr einsam sein!

Jetzt gehören die abgeernteten Felder den lärmenden
    Grillen;
Bündel von schwelendem Reisstroh
    erfüllen die Ebene mit Dunst.
Bauern sitzen an ihrem Herd,
    erfreuen sich der längeren Abende,
Flechten Matten
    und bereiten sich auf den Frühling vor.
Wenn Bauernfamilien zusammenkommen
    und reden,
Dann werden die Worte »falsch« und »richtig«
    nie benutzt.
Die Menschen in der Stadt
    sind nicht so glücklich –
Jene armen Wesen müssen den ganzen Tag
    katzbuckeln.

Das Jahr wird bald vorüber sein,
Aber ich bin noch hier in meiner kleinen Hütte.
Traurig fällt ein kalter Herbstregen,
Und die Blätter häufen sich auf den Tempelstufen.
Ich verbringe meine Zeit geistesabwesend
    mit dem Lesen von Sutren
Und dem Singen einiger alter Gedichte.
Plötzlich erscheint ein Kind und sagt:
»Komm, lass uns zusammen ins Dorf gehen.«

GEDICHTE ZWISCHEN RYŌKAN
UND SEINEM BRUDER YOSHIYUKI[20]

»Ich höre, Du spielst Murmeln mit Bordell-Mädchen.«

Der Mönch in der schwarzen Robe
Spielt
Mit Freudenmädchen –
Was mag wohl
In seinem Herzen sein?
YOSHIYUKI

Spielend, ja spielend,
Durchquere ich diese fließende Welt:
Hier, wo ich mich befinde,
Ist es da nicht gut,
Die bösen Träume
　anderer Menschen zu zerstreuen?
RYŌKAN

---

[20] Ryōkans jüngerer Bruder Tachibana Yoshiyuki (1762–1834) war Ryōkan als Bürgermeister von Izumozaki nachgefolgt, nachdem dieser Mönch geworden war. 1810 wurde Yoshiyuki Veruntreuung öffentlicher Gelder vorgeworfen und sein Familienbesitz konfisziert. Beide Brüder blieben zeitlebens in engem und herzlichen Kontakt, und beide liebten sie Kalligrafie und Dichtung.

Spielend, ja spielend,
Diese Welt zu durchqueren,
Ist gut, vielleicht,
Aber denkst Du nicht
An die kommende Welt?
YOSHIYUKI

In dieser Welt ist es doch
Und mit diesem Körper,
Dass ich spiele:
Nicht nötig, nachzudenken
Über die kommende Welt.
RYŌKAN

Mittsommer –
Ich gehe mit meinem Stab herum.
Alte Bauern erkennen mich
Und rufen mich herüber
   auf einen Becher.
Wir sitzen in den Feldern,
Benutzen Blätter als Teller.
Angenehm betrunken und so glücklich
Liege ich ausgestreckt auf dem Damm
   neben einem Reisfeld
Und lasse mich friedlich forttreiben.

Welches Glück!
Ich habe eine Münze in meinem Beutel gefunden!
Jetzt kann ich ihn besuchen, meinen Freund
mit dem Spitznamen ›Schlafender Drache‹.
Schon so lange einmal
   wollte ich mit ihm trinken,
Aber hatte bis jetzt nie die Mittel.

FÜR KEIZAN, DEN ABT VON GANJŌ-JI

Ganjō-ji liegt westlich von Hokke-dō,
Ein Tempel, abgelegen in den felsigen Bergen
Und versteckt in dichtem Nebel.
In dem tiefen Tal wächst das Moos üppig,
Und Besucher sind selten.
Fische tanzen in einem alten Teich.
Riesige Kiefern strecken sich
    in den blauen Himmel,
Und zwischendurch geben die Bäume
    den Blick frei auf den Yahiko-Berg.
An einem strahlenden Septembertag
    auf meiner Bettelrunde
Entschied ich mich spontan,
    an das Tempeltor zu klopfen.
Ich bin ein freiherziger Zen-Vagabund,
Und auch der Abt hat viel Zeit übrig.
Wir verbrachten den ganzen Tag zusammen,
    ohne irgendwelche Sorgen,
Nippten Wein, toasteten den Bergen zu
    und lachten uns dumm und dämlich.

ICH ERFREUE MICH AM REISWEIN
MIT MEINEM JÜNGEREN BRUDER YOSHIYUKI

Älterer Bruder und jüngerer Bruder
    sind wieder zusammen,
Aber jetzt haben wir beide
    buschige weiße Augenbrauen.
Es ist eine Zeit des Friedens
    und des Glückes in der Welt,
Und Tag um Tag
    betrinken wir uns wie Narren!

In dieser Welt,
Gäbe es jemanden
Mit verwandtem Geist –
Wir könnten plaudern,
    die ganze Nacht hindurch,
In meiner kleinen Hütte.

Wie könnte ich schlafen
An diesem mondbeschienenen Abend?
Kommt, meine Freunde,
Lasst uns singen und tanzen,
Die ganze Nacht lang.

Langgestreckt,
Beschwipst,
Unter weitem Himmel
Herrliche Träume
Unter den Kirschblüten.

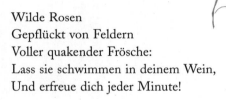

Wilde Rosen
Gepflückt von Feldern
Voller quakender Frösche:
Lass sie schwimmen in deinem Wein,
Und erfreue dich jeder Minute!

Spät am Abend
Habe ich meinen Tintenstein hervorgeholt;
Angeregt vom Wein,
Habe ich meinen abgenutzten Pinsel
Auf das Papier gesetzt.
Ich möchte, dass meine Pinselstriche
Den gleichen Duft
Wie Pflaumenblüten atmen,
Und obwohl ich alt bin,
Mühe ich mich härter als irgendwer.

PINSEL UND TINTENSTEIN

Wie ist wohl mein Karma[21]
Verbunden mit Pinsel und Tintenstein?
Wieder und wieder
    schreibe ich und schreibe.
Der einzige, der den Grund weiß,
Ist der Große Held Buddha.

Die Gegend von Echigō
    ist voller Schönheiten,
Und heute ergeht sich eine Gruppe
    anmutiger Mädchen
Entlang des Flusses,
    der grüner schimmert als Brokat.
Die Haare sind fein gesteckt
    mit Haarnadeln aus weißer Jade;
Zarte Hände enthüllen einen flüchtigen
    Blick auf scharlachrote Unterröcke.
Die Mädchen flechten Gras in Girlanden
    als Gabe für junge Herren

---

[21] Karma: in buddhistischem Verständnis das Gesetz von Ursache und Wirkung – gute Handlungen mit Körper, Rede und Geist haben gute Folgen, schlechte Handlungen haben entsprechend schlechte Folgen. Dabei gilt bei allem Handeln die geistige Einstellung als das vornehmlich Entscheidende.

Und pflücken Blumensträuße,
    während sie mit den Vorübergehenden flirten.
Und doch ist diese reizende Koketterie
    irgendwie traurig,
Denn sie überdauert nicht
    die Lieder und das Lachen.

Die Kurtisanen haben sich fein gemacht –
Wie reizend sie sprechen und lachen
Am Ufer des wunderschönen grünen Flusses.
Den ganzen Tag lang sprechen sie die Männer an
Und versuchen sie mit Liedern zu verführen,
Die auch das härteste Herz bezaubern.
So trippeln sie mit ihren unwiderstehlich
Koketten Blicken herum.
Doch eines Tages wird selbst diesen
Bezaubernden Frauen nichts bleiben,
Und sie werden sich draußen finden,
Zurückgelassen in der rauhen Kälte.

Sonnenuntergang im Frühling,
Ein sechzehnjähriges gertenschlankes Mädchen
Kehrt nach Hause zurück,
Den Arm voller Bergblumen.
Ein sanfter Nieselregen streichelt ihre Blumen.
Alle schauen ihr nach, wie sie vorübergeht,
Den Kimono gehalten von einem leichten Knoten.
Die Leute fragen einander:
»Wessen Tochter ist das?«

Vor langer Zeit lebte nebenan
Ein hübsches Mädchen:
Oft pflückte sie Maulbeeren
In einem entlegenen Hain,
Und wenn sie zurückkehrte,
So hatte sie ihre weißen Arme
Voller silberner und goldener Zweige.
Sie sang mit einer herzerweichenden Stimme
Und sprühte vor Lebensfreude.
Junge Bauern stellten ihre Hacke beiseite,
Wenn sie sie erblickten,
Und viele vergaßen heimzukehren,
Wenn sie in der Nähe war.
Jetzt ist sie eine weißhaarige Oma,
Beladen mit den Schmerzen
    und Beschwerden des Alters.

Hör doch auf
Mit deiner verrückten Jagd
Nach Gold und Juwelen –
Ich habe etwas viel Kostbareres
Für dich gefunden:
Eine glänzende Perle,
Strahlender funkelt sie
Als Sonne und Mond,
Und jedes Auge erleuchtet sie.
Verliere sie,
Und du treibst in einem Meer der Schmerzen.
Finde sie,
Und du erreichst sicher das andere Ufer.
Ich würde diesen Schatz
Jedem kostenlos schenken,
Aber kaum jemand
    fragt danach.

FÜR HACHISUKE, EINEN UNBERÜHRBAREN

Gold und Silber, Ansehen und Macht,
Alles kehrt zurück zu Himmel und Erde.
Gewinn und Verlust, Besitz und Mangel,
Alles ist im Grunde leer.
Aristokraten und Bauern, Heilige und Sünder,
Alle enden auf die gleiche Weise.
Wir sind durch Karma[22]
Mit dem Mahlstrom des Lebens verbunden.
Wie beklagenswert,
Der Bettler von der Ryōgoku Brücke,
Der in einer schrecklichen Flut starb.
Wenn du mich fragst, wo er jetzt ist,
So werde ich antworten:
»Im Herzen der Spiegelung
   des Mondes auf den Wellen!«

---

[22] Karma: in buddhistischem Verständnis das Gesetz von Ursache und Wirkung – gute Handlungen mit Körper, Rede und Geist haben gute Folgen, schlechte Handlungen haben entsprechend schlechte Folgen. Dabei gilt bei allem Handeln die geistige Einstellung als das vornehmlich Entscheidende.

Die Zeit geht vorüber,
Es gibt keinen Weg,
Wie wir sie anhalten können –
Warum dann bleiben Gedanken zurück,
Lange noch, nachdem alles andere
   vergangen ist?

FÜR KINDER,
DIE IN EINER POCKENEPIDEMIE STARBEN

Wenn der Frühling kommt,
Dann werden an allen Baumspitzen
Blüten erblühen,
Aber diese Kinder,
Die mit den Blättern
   des letzten Herbstes fielen,
Werden nie mehr wiederkommen.

Halte dein Herz rein und offen,
Und du wirst niemals gebunden sein.
Doch ein einziger aufwühlender Gedanke
Erzeugt zehntausend quälende Verwirrungen.
Lass dich von unzähligen Dingen fesseln,
Und du gehst tiefer und tiefer in die Irre.
Wie schmerzlich doch, Menschen zu sehen,
So völlig verstrickt in sich selbst.

Ich sehe Menschen in dieser Welt
  ihr Leben wegwerfen.
Voller Verlangen
  nach irgendwelchen Dingen
Und nie fähig,
  ihre Wünsche zu befriedigen.
So fallen sie in tiefe Verzweiflung
  und quälen sich selbst.
Doch selbst, wenn sie erlangen,
  was sie sich wünschen,
Wie lange sind sie in der Lage,
  sich daran zu erfreuen?
Für eine himmlische Freude
  erleiden sie zehn Höllenqualen
Und binden sich selbst
  noch fester auf den Schleifstein.
Solche Menschen sind wie Affen,
  die krampfhaft
Nach dem Mond im Wasser greifen
  und schließlich in das tiefe Wasser fallen.
Wie endlos sind jene doch gefangen
  in den Leiden dieser fließenden Welt.
Nicht um mich, sondern um sie
  mache ich mir die ganze Nacht Sorgen
Und kann den Fluss meiner Tränen
  nicht stillen.

Manchmal sitze ich im Stillen,
Lausche dem Klang fallender Blätter.
Das Leben eines Mönchs ist wirklich friedlich,
Abgeschieden von allen weltlichen Dingen.
Warum vergieße ich dann diese Tränen?

Ich bin dessen so gewahr,
Wie alles dies unwirklich ist:
Eins ums andere
Gehen die Dinge dieser Welt vorbei.
Warum bin ich dann noch traurig?

Wenn ich
An die Leiden der Wesen
In dieser Welt denke,
So wird ihre Traurigkeit
Zu meiner.

Oh wäre meine Mönchsrobe
Weit genug,
All die leidenden Menschen
In dieser fließenden Welt
Zu bergen.

Nichts macht mich glücklicher,
Als Amida Buddhas Gelübde[23],
Alle Wesen zu retten.

---

[23] Nach den Lehren des Mahāyāna-Buddhismus hat der Buddha Amitābha (jap. Amida) 48 Gelübde abgelegt hat, um leidenden Wesen in dieser Welt zu helfen. Sein ›Westliche Paradies‹ Sukhāvatī, das ›Reine Land‹, ist jedoch nicht als ein geografischer Ort vorzustellen, sondern als ein Bewusstseinszustand. In Darstellungen sitzt Amitābha meist inmitten einer Lotusblüte, dem Symbol der Reinheit.

Wenn sie dich nicht aufhalten,
Die Stimme des Tales
Und die strahlenden Gipfel,
Vielleicht magst du dann
Durch die schattigen Zedern wandern
Und mich besuchen?

Komm in der Abenddämmerung
Zu meiner Hütte –
Die Grillen werden dir
    ein Ständchen bringen,
Und ich will dir
    die mondbeschienenen Wälder zeigen.

ZU EINEM BESUCHER

Höre die Grillen in den Baumwipfeln,
    nahe dem Wasserfall;
Sieh, wie der Regen dieser Nacht
    allen Schmutz fortgewaschen hat.
Unnötig zu sagen, dass meine Hütte so leer ist,
    wie sie nur sein kann.
Was ich dir jedoch anbieten kann,
    ist ein Fenster voll berauschender Luft!

FÜR MEINE BESUCHER

Tief in den Wäldern
Hat er sich vor dem Winter verkrochen,
Dieser alte Mann hier –
Wer wird wohl der erste Besucher sein?
Ich weiß, dass du es bist!

In einer Regenpause
Habe ich etwas
Wilde Petersilie gepflückt,
Um dich zu erfreuen,
Wenn du hier bist.

Wie herzlos
Von den Schneeflocken,
Nicht zu fallen
Am Tag
Deines hochgeschätzten Besuchs.

Warte auf das Mondlicht,
Bevor du losgehst –
Der Bergweg
Ist voller
Kastanienschalen!

ANTWORT AUF DEN BRIEF EINES FREUNDES

Dein verrauchtes Dorf
Ist ja nicht so weit entfernt,
Aber der Eisregen
Hielt mich den ganzen Morgen gefangen.
Mir scheint es wie gestern,
Dass wir zusammen einen Abend
Im Gespräch über Dichtung verbrachten,
Doch in Wirklichkeit
War es vor zwanzig windigen Tagen.
Ich habe angefangen, den Text zu kopieren,
Den du mir geliehen hast,
Und ich mache mir Sorgen,
Wie schwach ich geworden bin.
Dieser Brief besiegelt mein Versprechen,
Meinen Stab zu nehmen
Und mich auf den Weg
Durch die steilen Felsklippen zu machen,
Sobald auf dem moosbedeckten Pfad
Die Sonne das Eis schmilzt.

MEINE RICHTLINIEN

Bemühe dich:

nicht zu viel zu reden
nicht zu schnell zu reden
nicht zu reden, ohne gefragt worden zu sein
nicht unnötig zu reden
nicht mit den Händen zu reden
nicht über weltliche Dinge zu reden
nicht grob zu reden
nicht zu streiten
nicht herablassend zu lächeln, wenn andere reden
nicht elegante Ausdrücke zu verwenden
nicht zu prahlen
nicht rücksichtslos zu sprechen
nicht mit einem wissenden Gehabe zu sprechen
nicht von Thema zu Thema zu springen
nicht kunstvolle Worte zu benutzen
nicht von vergangenen Ereignissen zu sprechen,
    die nicht mehr zu ändern sind
nicht pedantisch zu sprechen
nicht rücksichtslos zu fragen
nicht schlecht von anderen zu reden
nicht großartig von Erleuchtung zu sprechen
nicht redselig zu werden, wenn du betrunken bist
nicht abstoßend zu reden
nicht Kinder anzuschreien
nicht phantastische Geschichten zu erfinden
nicht zu sprechen, wenn du ärgerlich bist
nicht dauernd große Namen fallenzulassen

nicht die Menschen zu übersehen,
    zu denen du sprichst
nicht frömmlerisch von Göttern
    und Buddhas zu sprechen
nicht süßlich zu sprechen
nicht schmeichlerisch zu sprechen
nicht über Dinge zu sprechen, von denen du nichts weißt
nicht Gespräche zu beherrschen
nicht über andere hinter ihrem Rücken zu sprechen
nicht eingebildet zu sprechen
nicht andere zu beschimpfen
nicht Gebete großtuerisch zu singen
nicht über die Menge der Almosen zu klagen
nicht lange und gewundene Predigten zu halten
nicht affektiert wie ein Künstler zu sprechen
nicht affektiert wie ein Teemeister zu sprechen

DAS I-GING SAGT, GLÜCK
LIEGT IN DER RICHTIGEN MISCHUNG VON:

Heiß – kalt
gut – schlecht
schwarz – weiß
schön – hässlich
groß – klein
weise – töricht
lang – kurz
hell – dunkel
begrenzt – umfassend
entspannt – konzentriert
zunehmen – abnehmen
rein – unrein
langsam – schnell.

BUDDHAS WEG

Dies ist der Weg, den er ging, um die Welt zu fliehen;
Dies ist der Weg, den er ging,
   um zur Welt zurückzukehren.
Auch ich komme und gehe
   diesen Heiligen Pfad entlang,
Der Leben und Tod überschreitet
Und die Täuschung durchdringt.

Die alten Buddhas lehrten das Dharma[24]
Nicht als Selbstzweck,
   sondern um uns zu helfen.
Wenn wir uns selbst
   wirklich kennen,
Dann müssen wir uns nicht
   auf alte Lehrer stützen.
Die Weisen gehen direkt ins Innerste
   und lassen den äußeren Schein zurück;
Die Narren klammern sich an Details
   und verfangen sich
   in Worten und Buchstaben.

---

[24] Dharma: die Lehre des Buddha.

Solche Leute
  neiden anderen das Erreichte
Und bemühen sich fieberhaft,
  all dies auch zu erlangen.
Klebe an der Wahrheit,
  und sie wird falsch;
Verstehe die Falschheit,
  und sie wird wahr.
Wahr und falsch
  sind zwei Seiten einer Münze:
Weder nimm die eine an,
  noch weise die andere ab.
Verschwende deine kostbare Zeit
  nicht sinnlos
Mit dem Urteilen
  über die Höhen und Tiefen des Lebens.

Wenn ich gelehrte Priester
    über die Sutren vortragen sehe,
So scheint ihre Eloquenz
    sich im Kreise zu drehen:
Die Fünf Perioden des Dharma
    und die Acht Lehren[25] –
Schöne Theorien,
    aber wer braucht denn das?
Pedanten haben geschwollene Köpfe,
Aber frage sie irgend etwas
    wirklich Wichtiges,
Und du erhältst nur
    leeres Gebabbel.

---

[25] In den Jahrhunderten nach Buddhas Tod entstanden zahlreiche buddhistische Schulen, die jeweils andere Punkte von Buddhas Lehren betonten und teilweise auch weiterentwickelten. Als der Buddhismus dann aus Indien nach China gelangte, versuchten die Chinesen, die zahlreichen und teilweise widersprüchlichen Lehren irgendwie sinnvoll zu systematisieren – so entstanden die großen scholastischen Systeme der ›Fünf Perioden des Dharma‹ und ›Acht Lehren‹ etc.

Selbst wenn du so viele Bücher verschlingst,
Wie es Sandkörner im Ganges gibt,
Das ist doch alles nicht so viel wert
Wie das wirkliche Erfassen
  eines einzigen Zen-Verses.
Wenn du das Geheimnis
  des Buddhismus wissen möchtest,
Hier ist es: »Alle Dinge sind im Herzen!«[26]

Priester Senkei,
  ein wahrer Mensch des Weges!
Er arbeitete schweigend –
  ohne überflüssige Worte.
Dreißig Jahre
  lebte er in Kokusens Gemeinschaft.
Niemals saß er in Meditation,
  niemals las er Sutren,
Niemals sprach er ein Wort
  über Buddhismus.
Er arbeitete einfach
  für das Wohl von allen.
Ich sah ihn,
  aber sah ihn nicht wirklich;

---

[26] shin (jap.) = Herz, Geist.

Ich traf ihn,
    aber traf ihn nicht wirklich.
Ah, es ist unmöglich,
    ihn nachzuahmen.
Priester Senkei,
    ein wahrer Mensch des Weges!

Buddha verkündet zahllose Lehren,
    jede enthüllt reinste Wahrheit.
So wie jeder Lufthauch und jeder Regentropfen
Den Wald erfrischt,
So weist jedes Sutra den Weg zur Befreiung.
Erfasse das Herz einer jeden Sichtweise,
Und höre damit auf,
    Buddhas Lehren verschieden zu werten.

Der Wind hat sich gelegt, die Blüten sind herabgefallen;
Vögel singen,
>   die Berge dunkeln –
Dies
>   Ist die wundersame Kraft des Buddhismus.

Der Große Weg führt nirgendwo hin,
Und er ist auch kein Ort.
Halte daran fest,
>   und du verfehlst ihn um eine Meile;
»Dies ist Illusion, jenes ist Erleuchtung«,
>   das geht auch weit daneben.
Du verstehst es, die Theorien darzulegen
>   von »Existenz« und »Nichtexistenz«,
Doch selbst wenn du vom »Mittleren Weg«[27] redest,
>   kann dich das in die Sackgasse führen.
Ich werde einfach meine wunderbaren Erfahrungen
>   für mich behalten.
Plappere über Erleuchtung,
>   und deine Worte werden restlos zerpflückt.

---

[27] Der ›Mittlere Weg‹ bezeichnet den Weg des Buddha, der in seinem Leben einen geistigen Weg der Ethik und der Meditation zwischen den Extremen des Nihilismus und des Ewigkeitsglaubens gelehrt hat. Später wurde diese Sichtweise von dem buddhistischen Mönch Nāgārjuna zur Philosophie des Mādhyamaka weiterentwickelt.

Im Otogo Wald unter dem Kugami-Berg,
Dort wirst du die winzige Hütte finden,
   wo ich meine Tage verbringe.
Noch immer keine Tempel
   oder Villen für mich!
Ich lebe lieber mit dem frischen Wind
   und dem strahlenden Mond,
Spiele mit den Dorfkindern,
   oder mache Gedichte.
Wenn du dich nach mir erkundigst,
   wirst du wohl sagen:
»Was macht denn
   jener närrische Mönch wohl gerade?«

ZEN-DIALOG IN EINEM TRAUM

Ich war zum Betteln in der Stadt,
   als ich einen alten Heiligen traf:
»Mönch, warum lebst du
   in den wolkenverhangenen Bergen?«
Ich entgegnete:
»Alter Mann, warum bleibst du
   an diesem staubigen Ort?«
Beide wollten wir antworten,
   und doch sprach keiner von uns.
Dann zersprang mein Traum
   mit dem Klang der Tempelglocke.

Ich saß dir gegenüber, für Stunden,
  doch du sagtest kein Wort;
Dann, endlich, verstand ich
  den unausgesprochenen Sinn.
Aus ihren Hüllen herauskommen,
  liegen verstreut Bücher herum;
Vor dem Bambusvorhang
  trommelt der Regen auf den Pflaumenbaum.

TRAUM VON SAICHI,
MEINEM LANG VERSTORBENEN SCHÜLER

Ich traf dich wieder,
Nach mehr als zwanzig Jahren,
Auf einer wackligen Brücke,
Unter einem verschwimmenden Mond,
Im Frühlingswind.
Wir gingen und gingen,
Arm in Arm,
Und redeten und redeten,
Bis wir plötzlich
Vor dem Hachiman-Schrein[28] standen!

---

[28] Hachiman ist eine bedeutende japanische Shintō-Gottheit (kami). Die Shintō-Schreine waren oft beliebte Plätze für Mönche und Kinder – für die Mönche zum Betteln und für die Kinder zum Herumtoben.

WIDMUNG FÜR MEIN BILD EINES TOTENSCHÄDELS

Alle Dinge, aus Karma[29] geboren,
Verschwinden, wenn dies Karma erschöpft ist.
Aber wo wird dieses Karma geboren?
Wo kommt die allererste Ursache her?
Hier sind Worte und Gedanken
Ohne jeden Nutzen.
Ich habe eine alte Frau im Osten
Zu der Sache befragt,
Aber sie war nicht erfreut,
Und der alte Mann im Westen
Schaute missbilligend
Und ging davon.
Ich schrieb die Frage auf einen Reiskeks
Und gab ihn einem jungen Hund,
Aber selbst der wollte sie nicht knacken.
Mir wurde klar, solche Worte bringen nur Pech.
Also habe ich Leben und Tod zusammen
In eine Pille gemischt,
Die gab ich einem verwitterten Totenschädel.

---

[29] Karma: in buddhistischem Verständnis das Gesetz von Ursache und Wirkung – gute Handlungen mit Körper, Rede und Geist haben gute Folgen, schlechte Handlungen haben entsprechend schlechte Folgen. Dabei gilt bei allem Handeln die geistige Einstellung als das vornehmlich Entscheidende.

Der Totenschädel sprang plötzlich auf,
Sang und tanzte für mich:
Eine fesselnde Ballade
Über Vergangenheit, Gegenwart und Zukunft,
Ein phantastischer Tanz
Durch den ganzen Bereich des Samsara.[30]
Der Totenschädel berichtete gründlichst über alles;
Ich sah den Monduntergang und hörte
Die Mitternachtsglocken von Ch'ang-an![31]

Eines Tages
Werde ich ein verwitterter Totenschädel sein,
    der auf einem Graspolster ruht
Und dem ein oder zwei verirrte Vögel
    ein Ständchen darbringen.
Könige und gewöhnliche Leute
    enden auf die gleiche Weise,
Vergehen
    wie der Traum der letzten Nacht.

---

[30] Samsara: der durch Verlangen, Abneigung und Unwissenheit in Gang gehaltene leidvolle Daseinskreislauf.
[31] Ch'ang-an [in der heutigen Provinz Shensi] war die Hauptstadt Chinas während der T'ang-Zeit und heißt wörtlich: »Ewiger Friede«.

Ich stieg hinunter ins Tal,
   um Orchideen zu sammeln,
Aber der Boden war überzogen
   mit Frost und Tau,
Und ich brauchte den ganzen Tag,
   um die Blumen zu finden.
Plötzlich dachte ich
   an einen alten Freund,
Durch Berge und Flüsse
   von mir getrennt.
Ob wir uns jemals wiedersehen?
Ich starre in den Himmel,
Tränen strömen mir über die Wangen.

Wir begegnen einander, nur um uns zu trennen,
Wir kommen und gehen, wie die weißen Wolken,
Wir hinterlassen Spuren, die sind so schwach,
Kaum eine Menschenseele bemerkt sie.

In einer verfallenen Hütte mit drei Räumen
Bin ich alt und müde geworden.
Die Kälte dieses Winters
Ist die schlimmste, die ich je durchlitten habe.
Ich nippe an dünnem Haferschleim,
Warte, dass die eisige Nacht vorübergeht.
Ob ich noch durchhalten kann,
    bis schließlich der Frühling kommt?
Ich bin nicht mehr fähig, um Reis zu betteln,
Wie will ich da die Kälte überleben?
Selbst die Meditation hilft nicht mehr;
Nichts, was ich tun kann,
    außer Gedichte zu schreiben,
Im Gedenken an verstorbene Freunde.

Am Abhang des Kugami,
Im Schatten des Berges,
Wie viele Jahre lang
War diese Hütte mein Zuhause?
Jetzt ist es Zeit,
Sie leer zurückzulassen –
Meine Erinnerung wird verblassen
Wie Sommergras.
Vor und Zurück
Habe ich sie umrundet,
Und dann bin ich davongegangen,
Bis sie verschwand,
Die Hütte hinter den Bäumen.
Im Gehen schaue ich
Nach jeder Wegbiegung wieder zurück,
Schaue zurück an jenen Platz.

VÖGEL IM KÄFIG

Von Zeit zu Zeit
Sehnt wohl
Auch ihr euch
Nach eurem alten Nest
Tief in den Bergen.

Ich nahm meinen Stab
Und machte mich langsam auf den Weg,
Hinauf zu der Hütte,
Wo ich so viele Jahre verbracht hatte.
Die Wände waren zerborsten,
Und die Hütte beherbergte jetzt
Füchse und Kaninchen.
Der Brunnen beim Bambushain war versiegt,
Und dicke Spinnweben bedeckten das Fenster,
An dem ich einst bei Mondlicht gelesen hatte.
Die Stufen waren mit Unkraut überwuchert,
Eine einsame Grille zirpte in der bitteren Kälte.
Ich lief hin und her, innerlich bewegt
Und nicht fähig, mich loszureißen,
Als traurig die Sonne unterging.

EINE VERLASSENE HÜTTE

Jene Pflaumenblüten,
Wir ließen sie schwimmen in unserem Wein,
   einst.
Jetzt liegen die Blüten
Verstreut und unbeachtet
Rundum auf dem Boden.

LIEBESGEDICHTE ZWISCHEN
RYŌKAN UND TEISHIN

Warst wirklich du es,
Den ich sah,
Oder ist diese Freude,
Die ich fühle,
Nur ein Traum?
TEISHIN

In dieser Traumwelt
Träumen wir vor uns hin
Und reden von Träumen –
Träume, träume weiter,
Soviel du magst.
RYŌKAN

Hier mit dir
Könnte ich verweilen
Unzählige Tage und Jahre,
Still wie der strahlende Mond
Schauten wir einander an.
TEISHIN

Wenn dein Herz
Sich treu bleibt,
So werden wir so fest verbunden sein,
Wie eine endlose Weinrebe,
Für endlose Zeiten.
RYŌKAN

Hast du mich vergessen
Oder den Pfad hierher verloren?
Jetzt warte ich auf dich
Den ganzen Tag, jeden Tag.
Aber du erscheinst nicht.
RYŌKAN

Ich bin sicher, der Mond
Scheint strahlend
Hoch über den Bergen,
Aber düstere Wolken
Hüllen den Gipfel in Dunkelheit.
TEISHIN

Du musst jenseits gehen,
Über die düsteren Wolken hinaus,
Die den Berggipfel bedecken,
Wie willst du sonst
Jemals die strahlende Klarheit sehen?
RYŌKAN

Wir singen alte Gedichte,
Machen unsere eigenen Verse,
Spielen mit einem Stoffball,
Gemeinsam in den Feldern –
Zwei Menschen, ein Herz.

Der Windhauch ist frisch,
Der Mond so strahlend –
Gemeinsam
Lass uns tanzen bis zur Morgendämmerung,
Als ein Lebewohl auf mein Alter.

AUSTAUSCH VON GEDICHTEN
AN RYŌKANS TOTENBETT

Wann, wann?« habe ich geseufzt.
Sie, die ich ersehne,
Ist schließlich gekommen;
Mit ihr jetzt,
Habe ich alles, was ich brauche.
RYŌKAN

Wir Mönche und Nonnen, so sagt man,
Überwinden den Bereich
Von Leben und Tod –
Und doch kann ich dies nicht ertragen,
Den Kummer über unsere Trennung.
TEISHIN

Wohin du schaust,
Die purpurroten Blätter
Sie verstreuen sich –
Eins ums andere,
Hin und her.
RYŌKAN

Mein Vermächtnis –
Was wird es sein?
Blumen im Frühling,
Der Kuckuck im Sommer,
Und die dunkelroten Blätter
Des Herbstes ...

LITERATURVERZEICHNIS

Ryōkan kashū [Vollständige Ausgabe der japanischen Gedichte von Ryōkan], herausgegeben von Toyoharu Tōgō,
Osaka: Sōgensha, 1973.

Ryōkan shishū [Vollständige Ausgabe der chinesischen Gedichte von Ryōkan], herausgegeben von Toyoharu Tōgō,
Osaka: Sōgensha, 1973.

Karaki, Junzō. *Ryōkan.*
Tokyo: Chikuma Shobō, 1971.

Matsuoka, Shin'ya. *Ryōkan o motomete* [Suche nach Ryōkan],
Tokyo: Asahi Sonorama, 1975.

Sōma, Gyofū. *Daigu Ryōkan* [Großer Narr Ryōkan],
Tokyo: Shun'yōdō, 1918.

Tōgō, Toyoharu. *Ryōkan.*
Tokyo: Tokyo Sōgensha, 1973.

Yoshino, Hideo. *Ryōkan-oshō no hito to uta* [Priester Ryōkan, der Mensch und seine Gedichte].
Tokyo: Yayoi Shobō, 1973.

WEITERE WERKE IN
WESTLICHEN SPRACHEN SIND:

Abé, Ryūichi; Haskel, Peter. *Great Fool: Zen Master Ryōkan.*
Honolulu: University of Hawai'i Press, 1996.

Fischer, Jakob. *Dew-drops on a Lotus Leaf.*
Tokyo: Kenkyūsha, 1954 (erste Auflage 1937).

Fischer, Jakob; Bauer, Erich. *Tautropfen auf einem Lotosblatt.*
Grünstadt: Emil Sommer Verlag, 1981.

Gundert, Wilhelm; Schimmel, Annemarie; Schubring, Walther.
Lyrik des Ostens.
München: Carl Hanser Verlag, 1978.

Stevens, John. *One Robe, One Bowl: The Zen Poetry of Ryōkan.*
New York, Tokyo: John Weatherhill, 1977.

Stevens, John. *Eine Schale, Ein Gewand: Zen Gedichte von Ryōkan.*
Leimen: Werner Kristkeitz Verlag, 1999.

Stevens, John. *Three Zen Masters: Ikkyū, Hakuin, Ryōkan.*
Tokyo: Kodansha, 1993.

Suzuki, Daisetz T. *Zen and Japanese Culture.*
Bollingen Series, Bd. 64, 2. Aufl., Princeton,
New Jersey.: Princeton University Press, 1965.

Suzuki, Daisetz T. *Zen und die Kultur Japans.*
München: O. W. Barth Verlag, 1994.

Watson, Burton. *Ryōkan: Zen Monk-Poet of Japan.*
New York: Columbia University Press, 1981.

Yuasa, Nobuyuki. *The Zen Poems of Ryōkan.*
New Jersey: Princeton University Press, 1981.